rororo sport
Herausgegeben von Bernd Gottwald

Kuno Hottenrott / Martin Zülch

Ausdauertrainer

INLINE-SKATING

Training mit System

Mit Fotos von Horst Lichte

Rowohlt

Originalausgabe
Veröffentlicht im
Rowohlt Taschenbuch Verlag GmbH,
Reinbek bei Hamburg, Mai 1998
Copyright © 1998 by
Rowohlt Taschenbuch Verlag GmbH,
Reinbek bei Hamburg
Umschlaggestaltung Peter Wippermann / Jürgen Kaffer
Foto: H. Martin, Sharpshooter / Premium
Redaktion Thorsten Krause
Grafik Jörg Mahlstedt
Satz Minion und Syntax PostScript,
QuarkXPress 3.32
Gesamtherstellung Clausen & Bosse, Leck
Printed in Germany
ISBN 3 499 19467 8

INHALT

INLINE-SKATING –
VOM TREND ZUR SPORTART

Die rasante, dynamische Fortbewegung auf Inline-Skates ist trendig und macht einen Riesenspaß. Neben den Kids sind es immer häufiger die Erwachsenen, die Inline-Skating als Ausdauersport für sich entdecken. Nicht nur Fun- und Fitneß-Sportler, sondern auch Läufer, Radfahrer und Triathleten haben die Inliner als eine Bereicherung für ihr Konditionstraining schätzen gelernt.

Wenn man bedenkt, daß die heutigen Inline-Skates bereits im 18. Jahrhundert in Europa erfunden wurden, kommt der in den USA ausgelöste Boom doch etwas überraschend. Die Pioniere der Skates kommen aus Holland, dem Land des Eislaufens, wo man schon früh versuchte, sich auch im Sommer gleitend fortzubewegen – auf Rollen. Der Engländer John Tyers entwickelte bereits im Jahr 1823 Skates («Volitos») mit fünf hintereinanderliegenden Rollen, die zudem noch mit einem Bremshaken versehen waren. Die Entwicklung der Inline-Skates hat viele Impulse aus dem Eisschnellauf bekommen. Auch die Wiederentdeckung Anfang der achtziger Jahre durch zwei Eishockey spielende Brüder aus den USA hatte letztendlich ihren Ursprung auf dem Eis. Mit ihrer Firma «Rollerblade» gelang es den beiden, aus dem Sommertrainingsgerät der Wintersportler die Fun- und Fitneßwelle Inline-Skating auszulösen. Seit Mitte der neunziger Jahre ist Europa vom Skating-Fieber gepackt. Inline-Skating ist zur Mediensportart geworden. Nach Angabe des Deutschen Inline Verbandes (DIV) gibt es mittlerweile über 10 Millionen Skater in Deutschland. Aufmerksamkeit erlangen nicht mehr nur die Kids und Freaks, die gewagte Sprünge in Half-Pipes und Stuntanlagen ausführen und sich täglich auf z. T. selbstgebauten Rampen zum Grinden und Gliden treffen. Im Sog des allgemeinen Inline-Booms erleben auch die Szenen der Fun-, Fitneß- und Speed-Skater einen rasanten Aufschwung. Das Speed-Skating entwickelte sich von einer Randsportart zum Breitensport und ist heute für viele Sportler eine echte Alternative im Trainingsalltag.

Orte zum Skating gibt es überall: asphaltierte Flur- und Wirtschaftswege, Fahrradwege, Promenaden, große Parkplätze, Speedbahnen oder wenig befahrene Straßen. Die scheinbar vielfältigen Möglichkeiten sind jedoch begrenzt, weil das Skaten auf Straßen und Radwegen verboten ist. Selbst auf Gehwegen darf nach der Straßenverkehrsordnung nur in Schrittgeschwindigkeit geskatet werden. Wo kann man also skaten? Auf diese Frage geben die Inline-, City- und Speed-Guides Antwort. In ihnen werden, nach Bundesländern sortiert, ausgesuchte Routen für Fun-, Fitneß- und Speed-Skater detailliert beschrieben.

In den letzten Jahren konnten sich attraktive Inline-Skating-Veranstaltungen über unterschiedliche Distanzen etablieren. Nicht die Sprint und Mittelstrecken über 300–5000 m stehen im Mittelpunkt, sondern die Langstrecken über 10 km, Halbmarathon, Marathon und 100 km. Die beliebteste Strecke ist der Inline-Marathon über 42 km. Das Tempo der Speed-Skater ist etwa doppelt so hoch wie das der Marathonläufer. Die auf der Bahn erzielte Weltbestzeit des US-Amerikaners Derek Para liegt bei 1:04:27 h – das entspricht einer durchschnittlichen Geschwindigkeit von 39,6 km/h. Beeindruckend sind auch die auf Skates erreichten maximalen Geschwindigkeiten. Der Italiener Ippolito Sanfrantello schaffte über 300 m eine Spitzengeschwindigkeit von 57 km/h und ist damit zur Zeit der schnellste Skater. Solche Leistungen können nur mit systematischem Training und einer ausgefeilten Technik erreicht werden. Doch selbst diese Fabelzeiten werden nicht lange Bestand haben. Materialverbesserungen und Neuentwicklungen wie der holländische Klapp-Skeeler lassen weitere Leistungssprünge erwarten.

Die Attraktivität und Popularität des Speed-Skatings äußern sich auch in den sprunghaft gestiegenen Teilnehmerzahlen bei Inline-Marathons und im zunehmenden Interesse der Medien. 1997 gingen in Rom bereits über 10 000 Skater auf die Marathonstrecke, beim Engadiner Inline-Marathon erhöhte sich die Teilnehmerzahl innerhalb eines Jahres von 700 auf 2300. Einen ähnlichen Zuspruch verzeichnen die deutschen Veranstaltungen. Beim 1. Stadtmarathon in Köln wurde das auf 1000 Skater limitierte Teilnehmerfeld bereits Wochen vorher erreicht. Mit den Inline-Games und dem German Inline Cup finden in Deutschland flächendeckend reizvolle Speed-Skating-Wettkämpfe statt. Bei vielen Laufveranstaltungen der Leichtathleten wird Inline-Skating als echte Bereicherung in das Rahmenprogramm mitaufgenommen. Von Frühjahr bis Herbst gibt es praktisch an jedem Wochenende die Möglichkeit, an einem Inline-Wettkampf teilzunehmen. Für viele Sportler stehen das Dabeisein, das Mitmachen und der Spaß im Vordergrund. Doch die Zahl derer, die eine gute Zeit erzielen möchten oder gar einen Platz auf dem Treppchen anpeilen, wächst. Die Erfahrungen aus anderen Sportarten zeigen, daß mit wachsenden Teilnehmerzahlen auch die Leistungsdichte und das Leistungsniveau insgesamt steigen. Die Trainingsvorbereitungen gewinnen zunehmend an Bedeutung. Wer nicht ganzjährig gezielt und systematisch trainiert, wird in Zukunft kaum eine Chance auf eine vordere Plazierung haben.

Mit diesem Buch wollen wir Ihnen aufzeigen, wie Sie die konditionellen Voraussetzungen zum Skating legen und Ihre Leistungsfähigkeit steigern können. Technische Errungenschaften wie drahtlose Herzfrequenz- und tragbare Lactat-Meßgeräte ermöglichen Ihnen, einfach und praxisnah die wissenschaftlichen Methoden aus dem Hochleistungssport zu nutzen. Das Buch gibt konkrete Anweisungen, wie Sie die technischen Hilfsmittel in Ihrem Training praktisch anwenden können. Es werden verschiedene Testverfahren zur Ermittlung Ihrer individuellen Leistungsfähigkeit und zur Bestimmung der Trainingsintensitäten detailliert erläutert und eine Vielzahl von Trainingsprogrammen sowie mehrwöchige Trainingspläne für Sportler mit unterschiedlichen Vorerfahrungen und Erwartungen vorgestellt. Mit dem «Ausdauertrainer Inline-Skating» können Sie direkt, ohne größeres theoretisches Vorwissen, beginnen, professionell zu trainieren. Die wichtigsten Fragen zum Training werden beantwortet: Koordination und Technik, Gymnastik, Krafttraining und Regeneration sind in diesem Buch umfangreich und verständlich dargestellt.

Um mit dem «Ausdauertrainer» richtig arbeiten zu können, empfehlen wir Ihnen folgende Vorgehensweise:

1. Bestimmen Sie Ihre aktuelle Leistungsfähigkeit mit den angebotenen Testverfahren.
2. Ordnen Sie sich einer der vorgegebenen Kategorien zu, und wählen Sie den entsprechenden Mehrwochentrainingsplan aus.
3. Beginnen Sie mit dem Training!
4. Nach 4–6 Wochen sollten Sie Ihre Leistungsfähigkeit neu bestimmen und die Trainingsintensitäten an Ihre aktuelle Leistungsfähigkeit anpassen.

Auch wenn wir Ihnen mit den Trainingsplänen sehr konkrete Vorgaben machen, sollten Sie den «Ausdauertrainer Inline-Skating» flexibel handhaben und an Ihre persönlichen Voraussetzungen und Gegebenheiten anpassen.

AUSRÜSTUNG

Die Ausrüstung hat großen Einfluß darauf, wieviel Spaß Sie beim Inline-Skating haben. Da das Angebot an Skates und Equipment für Laien kaum noch überschaubar ist, geben wir hier Tips und Erläuterungen, die Ihnen bei der Auswahl aus dem vielfältigen Angebot unterschiedlicher Modelle behilflich sein können. Erst mit passenden Inline-Skates, dem erforderlichen Equipment und einer funktionellen Bekleidung haben Sie die Voraussetzungen für ein regelmäßiges Fitneß- und Ausdauertraining.

Die Inline-Skates

Die Skatingschuhe können aus verschiedenen Materialien aufgebaut sein. **Schalen-Schuhe** sind aus einem Kunststoffmaterial (in der Regel Polyurethan) gefertigt und haben meist wie Skischuhe einen Innenschuh, den man herausnehmen und reinigen kann. Je nach Qualität und Fertigung weisen sie eine unterschiedliche Verwindungssteifigkeit auf. Die sogenannten **Softboots** sind aus weicheren Materialien gefertigt, und der Innenschuh ist wie bei einem Sportschuh nicht herausnehmbar. Die Verwindungssteifigkeit wird entweder durch außen aufgesetzte oder aufwendig eingearbeitete Manschetten erreicht. **Speed-Schuhe** sind meistens aus einem steifen Leder gefertigt. Aber auch die Verwendung mehrerer Materialien wie Kunststoff, Leder, Carbon und strapazierfähiges Textilgewebe aus Nylon ist möglich. Die verwendeten Materialien und die Art der Verarbeitung sollten eine gute Belüftung der Füße zulassen. Vielfältig sind auch die Möglichkeiten, die Schuhe zu schließen. Schnallen, Klettverschlüsse, Schnürsenkel, aber auch Kombinationen mehrerer Verschlußtechniken sind vorzufinden. Unabhängig vom Verschlußsystem sollten die Skates fein abgestuft individuell verschließbar sein.

Der Innenschuh bzw. das Futter als direkte Kontaktstelle zwischen Fuß und Skatingschuh sollte wie eine zweite Haut sitzen und ist im wesentlichen für die Bequemlichkeit verantwortlich. Bei den Modellen mit Hartschale, bei denen die Innenschuhe leicht herausnehmbar sind, können Sie eine Qualitätsprüfung relativ einfach selbst durchführen. Gute Verarbeitung, ausreichende Polsterung an den exponierten Druckstellen im Knöchelbereich, ein orthopädisch vorgeformtes Fußbett oder ein elastischer bzw. thermoelastischer Schaumschuh, der sich der Fußform individuell anpaßt, sind Qualitätsmerkmale:

Fitneß- und Trainingsskates

Die klassischen Fitneß- und Trainingsskates haben vier Rollen, die in einer etwa 30 cm langen Schiene angebracht sind, und einen Stopper. Es sind «Allrounder», mit denen man seine Geschicklichkeit, Koordination und Technik verbessern und seine Ausdauer trainieren kann. Sie bieten einerseits die Wendigkeit für leichte Tricks und Spiele, wie z. B. Inline-Hockey, und anderseits so viel Stabilität und Komfort, daß sie zum Skating über längere Distanzen geeignet sind. Neben hochwertigen Materialien, die eine lange Haltbarkeit sichern, sind Funktionalität und Paßform entscheidend. Der Schaft sollte so gearbeitet sein, daß er dem Sprunggelenk seitlichen Halt gibt, gleichzeitig aber einen größtmöglichen Bewegungsspielraum nach vorne zuläßt. Skates passen gut, wenn im Stand die Ferse fest im Schuh sitzt, die Zehen jedoch nach vorne etwa daumenbreit Platz haben und auch bei längerem Skating keine Druckschmerzen und Muskelkrämpfe auftreten. Vor dem Kauf sollten Sie die Skates Probe fahren, um die Paßform zu testen. Möglichkeiten dazu gibt es in der Regel auf Inline-Skating-Veranstaltungen.

Trainings-Inline-Skatingschuh

Bei Skates für Kinder und Jugendliche wurde die Industrie dem Anspruch an die Paßform dadurch gerecht, daß sie Skates entwickelte, die in den Schuhgrößen 30–35 und 36–40 ‹mitwachsen›. Einige Hersteller berücksichtigen durch eine eigene Damenkollektion geschlechtsspezifische Unterschiede in der Anatomie des Fußes. Der weibliche Fuß weist spezifische Merkmale auf: im Bereich des Vorfußes ist er weniger voluminös, hat ein ausgeprägteres Fußgewölbe und eine schmalere Ferse.

Inline-Skating-Trainingsschuh für Damen

Im Freizeitbereich versucht die Industrie durch Neuentwicklungen weitere Zielgruppen anzusprechen. Dazu zählen Skates, bei denen sich Schuh und Frame, ähnlich einer Skibindung, voneinander trennen lassen. Sie sind besonders gut als tägliches Fortbewegungsmittel auf dem Weg zur Schule, Arbeit etc. geeignet: Bei abgenommener Schiene unterscheidet sich der Schuh kaum von einem Trekkingschuh. Außerdem gibt es sogenannte Offroad-Skates, mit denen man abseits von asphaltierten Wegen skaten kann. Aufgrund des erhöhten Rollwiderstandes und der Möglichkeit, im schweren Gelände zu trainieren, lassen sie sich hervorragend für ein Kraftausdauertraining verwenden.

Trainingsschuh mit abnehmbarem Frame

Offroad-Skate

Speed-Skates

Inline-Skater, die sich dem Rausch der Geschwindigkeit hingeben möchten, stellen hohe Anforderungen an Material und Funktion. Im Gegensatz zu den Fitneßskates (vier Rollen) hat der Speed-Skate fünf Rollen, die in einer etwa 40 cm langen Schiene angebracht sind. Dies trägt zu einer besseren Fahrstabilität während hoher Geschwindigkeit bei. Der Schaft der Skates ist tiefer geschnitten (Halbschuhe), um dem Sprunggelenk den nötigen Bewegungsspielraum bei langen Schritten zu geben. Es werden High-Tech-Materialien wie Carbon, Titan oder Aluminium verwendet.

Speed-Skating-Schuh

Die Cracks schrauben sich ihre Speed-Skates mit unterschiedlichen Bauteilen verschiedener Hersteller zu Unikaten zusammen, um ein Optimum an Gewicht, Qualität und Stabilität zu erzielen.

Ein sich so rasant entwickelnder Markt wie die Inline-Skating-Szene bringt einiges an Innovationen hervor. Die holländischen Eisschnelläufer waren die Vorreiter in der Entwicklung einer neuen Generation von Skates, den «Klapp-Skeelers». Wie beim vergleichbaren «Klapp-Schlittschuh» wird durch das Abklappen der Schiene vom Schuh der Bodenkontakt verlängert – und damit auch die Abdruckphase. Im Vergleich zur herkömmlichen starren Verbindung soll der Skater mit dem «Klapp-Skeeler» bei gleichem Energieaufwand über 10% mehr Kraft auf die Straße übertragen.

Individueller Speed-Skating-Schuh

Der Frame

Der Frame ist die Schiene, in der die Rollen befestigt sind. Bei den preiswerteren Fit-neßskates bestehen Schuh und Frame oft aus einem Stück Kunststoff. Bei hochwerti-geren Skates wird die sehr verwindungssteife Schiene meistens in aufwendigerer Leichtbauweise (Sandwichbauweise) aus Stoffen wie Kunststoff, Fiberglas, Aluminium, Kevlar, Carbon oder Titan hergestellt. Die Schiene ist aufgenietet oder besser noch aufgeschraubt. Bei den aufgeschraubten Schienen haben Sie die Möglichkeit, diese entsprechend Ihrer persönlichen Skating-Technik etwas mehr nach innen, nach außen oder mittig unter den Schuh zu montieren. Welche Frameposition für Ihre Technik am besten geeignet ist, müssen Sie durch eine qualifizierte Fachberatung oder durch eigenes Ausprobieren ermitteln. Beachten Sie, daß eine für Ihre Verhältnisse nicht angepaßte Position zu unphysiologischen Belastungen im Bereich der Knie führen kann. Das Gewicht, die Verwindungs-steifigkeit des Frames und die feste Verbindung zum Schuh entscheiden über die Qualität der Laufeigen-schaften und der Kraftübertragung.

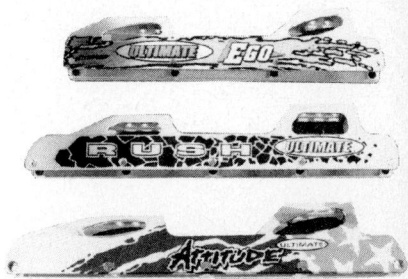

Speed-Frames für vier und fünf Rollen

Die Rollen

Die Rollen sind die Schnittstelle zwischen dem Schuh und dem Asphalt. Je nach Einsatzbereich gibt es unterschiedliche Größen, Härtegrade und Profile.

Die Größe der Rollen (Diameter) variiert im Fitneß- und Racebereich von 76–90 mm im Durchmesser. Je größer die Rollen sind, wie beispielsweise bei den Speed-Skates, desto schneller und leichter laufen sie, lassen sich aber langsamer beschleunigen und sind weniger drehfreudig.

Die Härte der Rollen (Durometer) wird in ‹A› angegeben. Ein mittlerer Härtegrad von 78–82 A ist für die meisten Fitneßskates hart genug, um zufriedenstellende Rolleigenschaften zu gewähr-leisten, und weich genug, um auch auf rauhem Belag zu dämpfen. Weichere Rollen mit einem Härtegrad unter 78 A haben einen besseren Grip (Griffigkeit) und bessere Dämpfungseigenschaften. Bei harten Rollen (über 82 A) verbessern sich die Rolleigenschaf-ten, Fahrkomfort und Grip nehmen hingegen ab.

Je nach Einsatzbereich besitzen die Rollen verschiedene Profi-le (Radien). Sie reichen von grobstollig, für die Randgruppe der Offroad-Skates, bis zu glatten, spitz zulaufenden Slicks. Je spitzer eine Rolle zuläuft, desto geringer ist der Rollwiderstand und um so besser ist die Rolleigenschaft. Rollen mit sehr spitzen Profilen kommen im Speed-Wettkampf zum Einsatz.

Rollenprofile

Der Kern der Rolle ist ein besonders verstärktes Teil, welches die beiden Kugellager aufnimmt und gleichzeitig für die Stabilität der Rolle sorgt. Häufig hat der Kern Bohrungen, Speichen oder Belüftungsschlitze, die zur Gewichtsreduzierung und Abkühlung der Rollen und Kugellager beitragen sollen.

Die Kugellager

In die Rollen können qualitativ unterschiedliche Kugellager montiert werden. Bei der Beurteilung der Qualität hat man sich auf einen internationalen Fertigungsstandard bezüglich Laufgenauigkeit und Toleranzen bei der Herstellung der Lager geeinigt, der in ABEC (nach dem «Annular Bearing Engineering Committee») angegeben wird. Je häufiger der Kugellagerring, die innere Ummantelung der Lager, geschliffen wurde, desto glatter wird seine Oberfläche, desto sauberer laufen die Kugeln, und desto höher ist die ABEC-Zahl. Die Skala umfaßt in der Regel ABEC 1, 3, 5, in Ausnahmen 7. Die Unterschiede zwischen ABEC 5 und 7 sind jedoch so minimal, daß sie kaum noch im meßbaren Bereich liegen. Kugellager, die nicht nach diesem Fertigungsstandard hergestellt wurden, laufen schwerer und schlagen schneller aus. Jedoch auch dieser Qualitätsstandard hat seine Tücken: die Qualität des Materials wird bei der Einstufung nicht berücksichtigt, und die Überwachung der Arbeitsnorm ist nicht so streng wie bei der DIN-Norm. Das Standardmaß bei Kugellagern ist das 608 ZZ-Lager, das beidseitig mit Metallabdeckscheiben versehen ist. Die mit nur einem ‹Z› bezeichneten Lager haben als halboffene Lager nur auf einer Seite eine Abdeckscheibe. Die offene Seite wird nach innen in die Rolle eingesetzt. Zusätzlich gibt es RS 2-Lager, die auf beiden Seiten zusätzlich zu den Metallscheiben mit einer Kunststoffdichtung versehen sind. Diese sind im Gegensatz zu ZZ-Lagern staub- und wasserresistent. Halboffene Lager haben im Vergleich zu den geschlossenen Lagern den Vorteil, daß sie leichter geschmiert werden können.

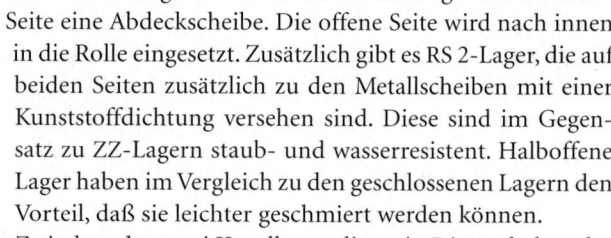

Kugellager

Zwischen den zwei Kugellagern liegt ein Distanzhalter, der Spacer genannt wird. Spacer dienen als Achsen und sollten deshalb sehr stabil und genau gearbeitet sein. Hochwertige Spacer bestehen aus Messing oder Aluminium.

Wartung der Rollen und Kugellager

Laufen die Rollen unruhig, sind sie meist einseitig abgefahren. Sie können die Anschaffung eines neuen Rollensatzes hinausschieben und einen gleichmäßigen Abrieb der Rollen erreichen, wenn Sie die Rollen nach dem folgenden Schema umsetzen:
- die erste Rolle des rechten Schuhs wird mit der dritten Rolle des linken Schuhs getauscht,
- die zweite Rolle des rechten Schuhs wird mit der vierten Rolle des linken Schuhs getauscht,
- die dritte Rolle des rechten Schuhs wird mit der ersten Rolle des linken Schuhs getauscht, und

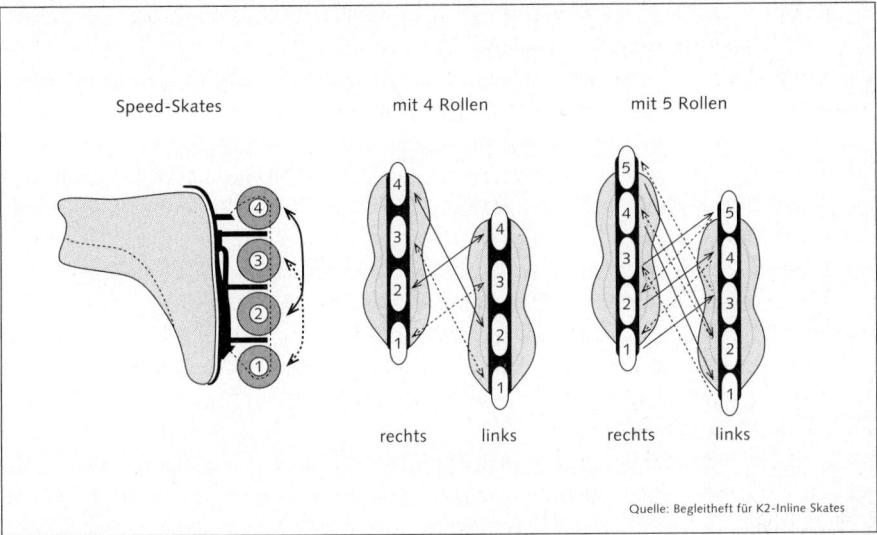

Speed-Skates	mit 4 Rollen	mit 5 Rollen

rechts   links   rechts   links

Quelle: Begleitheft für K2-Inline Skates

Umsetzen der Rollen

• die vierte Rolle des rechten Schuhs wird mit der zweiten Rolle des linken Schuhs getauscht.

In die Kugellager kann leicht Staub, Sand, Feuchtigkeit o. ä. eindringen. Verschmutzte Lager laufen langsamer und verschleißen schneller. Um die Lebensdauer der Kugellager zu erhöhen, müssen sie regelmäßig mit einem speziellen Speedöl gewartet werden. Stellen Sie fest, daß sich die Rollen nicht mehr frei drehen oder knirschende Geräusche hörbar sind, sollten Sie die Lager säubern und neu schmieren, gegebenenfalls sogar gegen neue Lager austauschen.

Spezielles Speedöl

Zum Reinigen der Kugellager benötigen Sie ein Metall- oder Glasbehältnis, eine Reinigungslösung (Waschbenzin o. ä.), eine alte Zahnbürste, eine spitze Nadel, Reinigungstücher und ein spezielles Schmiermittel. Gehen Sie nach folgenden Schritten vor:

1. Entfernen Sie den losen Schmutz von der Oberfläche der Rolle.

2. Drücken Sie die Lager mit Hilfe eines Spezialwerkzeugs aus der Rolle. Haben Sie das spezielle Werkzeug nicht zur Hand, dann kann man auch die stumpfe Seite eines Bleistifts oder einen ähnlichen Gegenstand zum Herausdrücken der Lager benutzen.

3. Entfernen Sie den Schmutz mit einem Reinigungstuch, und legen Sie die Einzelteile (Lager und Spacer) an einen sicheren Platz.

4. Entfernen Sie, sofern vorhanden, an einem Lager den sogenannten Rückhalte-C-Ring.

5. Nehmen Sie die auf den Lagern befindlichen Abdeckungen ab.

6. Legen Sie die Lager in das Behältnis, und säubern Sie die Lager z. B. mit einer Zahnbürste. Verfahren Sie genauso mit dem Spacer, dem Rückhalte-C-Ring und den Abdeckungen.

7. Legen Sie dann die gesäuberten Einzelteile zum Abtrocknen auf ein Tuch.

8. Fetten Sie die trockenen Lager mit einem speziellen Speedöl.

9. Setzen Sie dann die Lager wieder zusammen.

10. Setzen Sie danach die beiden Lager und den Spacer wieder in die Rollen ein.

Die Schutzausrüstung

Auch der beste Techniker kann beim Skating stürzen. Doch die wenigsten Speed-Skater tragen eine Schutzausrüstung. Aussagen wie «Protectoren schränken die Bewegungsfreiheit ein», «man schwitzt vermehrt» oder «mir passiert schon nichts» zeigen, daß das Verletzungsrisiko auf Skates nicht ernst genommen wird. Fakt ist aber auch, daß für den Wettkampfbereich keine qualitativ hochwertigen und renntauglichen Protectoren existieren, die den Bedürfnissen der Sportler nach mehr Tragekomfort, Leichtigkeit und Atmungsaktivität nachkommen. Hier sind die Hersteller von Schutzausrüstungen gefragt.

Umfangreiche Studien (Schieber et al. 1995, Jerosch et al. 1997) belegen, daß nach einem Sturz das Verletzungsrisiko von Hand und Ellenbogen ohne Schutzausrüstung etwa zehnmal so hoch ist wie mit Protectoren. Schwere Schädelverletzungen sind zwar selten, traten bislang allerdings ausschließlich bei Skatern auf, die keinen Helm trugen. Mit einer geeigneten Schutzausrüstung wären viele Verletzungen vermeidbar. Der oft vertretenen Meinung, wegen Bagatellverletzungen wie Hautabschürfungen und Prellungen sei ein Schutz für Knie, Hand und Ellenbogen nicht notwendig, muß entschieden widersprochen werden. Bei häufigen Stürzen auf Knie bzw. Unterschenkel- und Oberschenkelaußenseite bilden sich im Laufe der Zeit nicht nur störende Narben, sondern es wird auch diskutiert, ob durch diese wiederholten Traumata auf Dauer Schäden beispielsweise am Gelenkknorpel der Kniescheibe auftreten können (Zapf 1997). Bei anderen Sportarten mit ähnlichem Risiko (Volleyball, Eishockey etc.) ist eine entsprechende Schutzausrüstung obligatorischer Standard. Eine passende Schutzausrüstung, bestehend aus einem Helm sowie Hand-, Ellenbogen- und Knieschützern, sollte beim Kauf von Inline-Skates grundsätzlich miterworben werden.

Der Helm

Das Tragen eines den Sicherheitsnormen entsprechenden Helmes sollte selbstverständlich sein. Es gibt spezielle Inline-Helme, die runder sind, den Hinterkopf umschließen und fester sitzen als z. B. ein Fahrradhelm. Wichtig ist also, daß der Helm genau paßt, sich auf dem Kopf nicht hin und her bewegen läßt und vor der Fahrt geschlossen wird. Der Körper verliert über den Kopf sehr viel Wärme. Bei kälteren Temperaturen ist es daher sinnvoll, unter dem Helm eine dünne Sturmhaube oder ein Stirnband anzuziehen. Zusätzlich können Sie die Belüftungsschlitze mit Klebeband verschließen. Bei warmen Temperaturen muß der Helm einen wirksamen Schutz vor der Sonneneinstrahlung bieten und durch die Belüftungsschlitze vor Überhitzung schützen.

Protectoren

Protectoren an Händen (Wristguards), Ellenbo-gen und Knien (Elbow- und Knee-Pads) müssen auf Ihre Körpermaße abgestimmt sein. Beachten Sie die unterschiedlichen Größen. Zu große Schützer verrutschen bei einem Sturz leicht und verlieren so ihre Wirkung. Die anatomisch ge-formten Protectoren sind aus abriebfesten, stoß-absorbierenden und dämpfenden Materialien, die im Falle eines Sturzes die exponierten Körperstel-len schützen. Die Schutzausrüstung gibt Anfän-gern einerseits Mut, aktiv zu fallen, andererseits suggeriert sie ein unberechtigtes Sicherheitsge-fühl, das zur Überschätzung des eigenen fahreri-schen Könnens führen kann. Eine fundierte Aus-bildung in einer Inline-Skating-Schule ist zu-sammen mit einer Schutzausrüstung die beste Unfallprophylaxe.

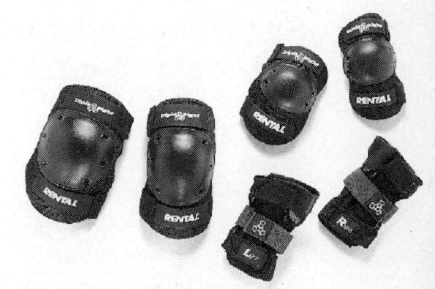

Protectoren

DIE RICHTIGE TRAININGSBELASTUNG

Anaerobe und aerobe Energiebereitstellung

Zum Inline-Skating benötigt man wie bei allen anderen Ausdaueraktivitäten viel Energie. Sie wird primär aus den Nährstoffen der Kohlenhydrate und Fette sowie in geringem Maße auch aus Aminosäuren (Eiweißbausteinen) gewonnen. Der universelle Energieträger des Organismus ist Adenosintriphosphat (ATP). ATP wird z. B. bei der Übertragung neuronaler Signale und bei der Kontraktion der Muskeln gebraucht. Um Energie freizusetzen, wird ATP in Adenosindiphosphat (ADP) und anorganisches Phosphat (P) gespalten.

$$ATP \rightarrow ADP + P + ENERGIE \text{ (für Muskelkontraktion)}$$

Der ATP-Vorrat in der Muskelzelle beträgt etwa 6 mmol / kg Muskelfeuchtgewicht und reicht bei maximaler Muskelkontraktion nur für etwa 2−3 Sekunden. Für weitere Muskelarbeit muß der Organismus fortlaufend ATP bilden (resynthetisieren). Dies kann über drei Wege erfolgen (s. Abbildung S. 19):
- anaerob lactazide Energiebereitstellung
- anaerob alactazide Energiebereitstellung
- aerobe Energiebereitstellung.

Die **anaerob alactazide Energiebereitstellung** erfolgt über den Kreatinphosphatspeicher, der für die folgenden 6−8 Sekunden die Energie liefert. Hierfür ist keine Sauerstoffzufuhr an die Muskelzelle (anaerob) erforderlich, und es wird kein Lactat gebildet (alactazid). Dieser Stoffwechselweg dominiert bei kurzfristigen hochintensiven Belastungen (Start, Kurzsprints, Antritte).

Bei der **anaerob lactaziden Energiebereitstellung** wird die Energie aus Glukose ohne Mitwirkung von Sauerstoff gewonnen. Als Abbauprodukt entsteht Lactat, das Salz der Milchsäure. Das Lactat gelangt über den Blutweg zu Leber, Herz, Nieren und wenig beanspruchter Muskulatur und wird dort verstoffwechselt bzw. eliminiert. Wieviel Lactat Ihr Organismus pro Zeiteinheit eliminieren kann, hängt von Ihrem Trainingszustand ab. Trainierte können pro Minute etwa 0,5 mmol / l Lactat abbauen, Untrainierte hingegen nur etwa 0,3 mmol / l.

Bei der **aeroben Energiebereitstellung** werden Glukose und freie Fettsäuren unter Sauerstoffverbrauch in den Kraftwerken der Muskelzellen (Mitochondrien) in einem relativ langsamen Stoffwechselprozeß vollständig zu Wasser und Kohlendioxid abgebaut. Aufgrund der großen Fettdepots im Körper steht der Weg des aeroben Fettstoffwechsels dem Ausdauertrainierten bei niedriger bis mittlerer Belastungsintensität über mehrere Stunden ohne merkbaren Leistungsverlust zur Verfügung. Wird die Belastungsintensität hingegen über ein gewisses Maß erhöht, so kann der sauerstoffabhängige aerobe Stoffwechsel zur Energiegewinnung zunehmend weniger genutzt werden. Der schneller ablaufende anaerobe Stoffwechsel gewinnt an Bedeutung.

Während die freien Fettsäuren nur im aeroben Stoffwechsel verbrannt werden, kann die Muskelzelle Zuckermoleküle in Abhängigkeit von der Belastungsintensität aerob und anaerob lactazid zur Energiegewinnung nutzen. Lactat entsteht immer dann, wenn Sie kurzfristig sehr viel Energie benötigen, wie es bei hochintensiven Belastungen der Fall ist. Ob nun aber der langsamere Fettstoffwechsel oder der schnellere Kohlenhydratstoffwechsel primär genutzt wird, ist – wie bereits gesagt – in erster Linie von der Belastungsintensität abhängig. Die Übergänge vom einen zum anderen Stoffwechsel sind fließend (s. Abbildung unten). Aber auch beim Fettstoffwechseltraining (s. Programm 2, S. 61, und Programm 12, S. 77) werden nicht ausschließlich freie Fettsäuren verbrannt, sondern, da Fette am besten im «Feuer der Kohlenhydrate» brennen, zu einem geringen Anteil auch Kohlenhydrate.

Alle Stoffwechselwege sind trainierbar! Wenn Sie über eine gute Ausdauer verfügen, können Sie auch bei höherer Intensität einen relativ hohen Anteil an Fetten verstoffwechseln, mit der Folge, daß die Kohlenhydratspeicher nicht so schnell entleert werden. Sie haben also über eine längere Dauer oder aber für einen Zwischen- oder Endspurt noch schnell verfügbare Energiereserven. Sind die Kohlenhydratspeicher völlig erschöpft, kommt es zur Unterzuckerung. Diesen Erschöpfungszustand können

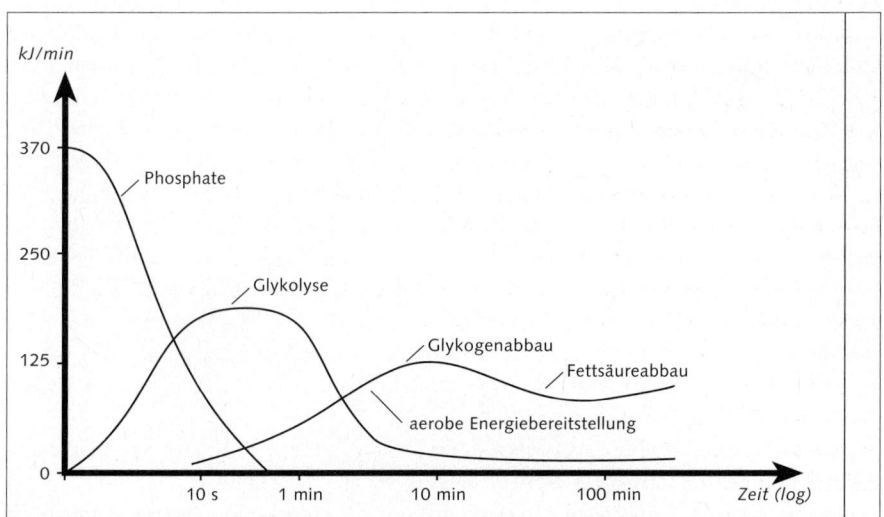

Möglichkeiten der Energiebereitstellung bei maximaler Beanspruchung in Abhängigkeit von der Zeit (modifiziert nach Badtke et al. 1987).

und müssen Sie vermeiden, indem Sie bei intensiven oder sehr langen Belastungen in regelmäßigen Abständen kohlenhydrathaltige Flüssigkeit trinken oder leichtverdauliche Nahrungsenergie aufnehmen.

Grundsätzlich besteht eine Beziehung zwischen der Lactatkonzentration im Blut und der Belastungsintensität. Es gilt: Je intensiver Sie sich muskulär beanspruchen, desto höhere Lactatwerte werden Sie messen. Vor diesem Hintergrund ordnet man bestimmte Lactatkonzentrationen bestimmten Trainingsbereichen zu (s. S. 27). Allgemein bezeichnet man eine Trainingsbelastung als aerob, wenn die Lactatkonzentration nicht über 2 mmol/l ansteigt, als aerob-anaerob, wenn Werte zwischen 2 und 4 mmol/l gemessen werden. Bei Lactatkonzentrationen von über 4 mmol/l spricht man von anaeroben, bei über 10 mmol/l von stark anaeroben Belastungen. Als Folge des Lactatanstieges sinkt der pH-Wert des Blutes, und es entsteht eine Azidose (Übersäuerung). Guttrainierte Speed-Skater erreichen auf den Kurz- und Mittelstrecken teilweise über 15 mmol/l Lactat im Blut.

Trainingsintensitäten und -bereiche

Mit der «richtigen» Trainingsbelastung zu trainieren bedeutet, den Umfang, die Dauer, die Intensität und die Häufigkeit der Trainingsbelastungen auf die Leistungsfähigkeit in sinnvoller Weise abzustimmen. Für diese nicht einfache Aufgabe werden die Trainingsmaßnahmen zunächst in unterschiedlich zu entwickelnde Fähigkeitsbereiche gegliedert. Die einzelnen Bereiche sind hinsichtlich ihrer Belastungsintensität durch die Angabe eines oberen und unteren Lactat- bzw. Herzfrequenzwertes voneinander abgegrenzt (s. Tabelle, S. 23). In der Praxis wird eine Verbesserung einer bestimmten Fähigkeit oft nicht erreicht, weil die Belastungsintensität z. B. für die Entwicklung der Grundlagenausdauer entweder zu hoch oder zu niedrig gewählt wird. Immer noch denken viele Ausdauersportler, je intensiver das Training ist, desto wirkungsvoller sei es. Daß diese Vorstellung falsch ist, konnten viele wissenschaftliche Studien belegen.

Während Freizeitjogger dazu neigen, das Grundlagenausdauertraining zu intensiv zu gestalten, und somit die gewünschte Anpassung nicht erreichen, kann dies bei **Fitneß-Skatern** nicht beobachtet werden. Sie skaten in der Regel in aufrechter Position, d. h. mit leicht vorgebeugtem Oberkörper und großen Kniewinkeln, und wählen dabei eine ihrem Technikniveau angepaßte Geschwindigkeit. Damit beanspruchen sie ihren Organismus in gesunder, präventiv wertvoller und leistungsfördernder Weise. Inline-Skating ist im Fitneßbereich eine Bereicherung: es macht Spaß und fördert Ausdauer, Kraft und Koordination.

Deutlich höher sind die Anforderungen an Muskulatur und Herz-Kreislauf beim **sportlichen Speedskating** in tiefer aerodynamischer Position, in der der Oberkörper und somit auch der Körperschwerpunkt nach vorn abgesenkt und die Kniewinkel kleiner werden. In dieser Position werden die Bein- und die Rückenmuskulatur um ein Vielfaches stärker beansprucht als in der aufrechten Position. Skating in tiefer Position führt im Vergleich zur aufrechten Position bei gleicher Sauerstoffaufnahme zu höheren Herzfrequenz- und Lactatwerten (s. Abbildung unten). Bei der Steuerung und Kontrolle der Trainingsintensität muß dies berücksichtigt werden.

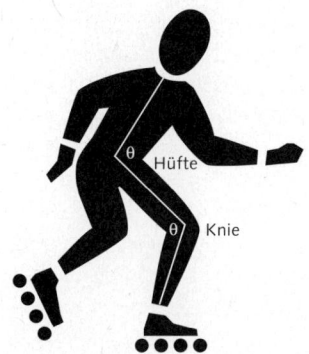

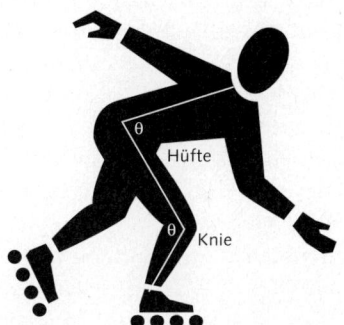

Knie- und Hüftwinkel beim Speedskaten in aufrechter Position (mod. nach Rundell 1996)

Knie- und Hüftwinkel beim Speedskaten in tiefer Position (mod. nach Rundell 1996)

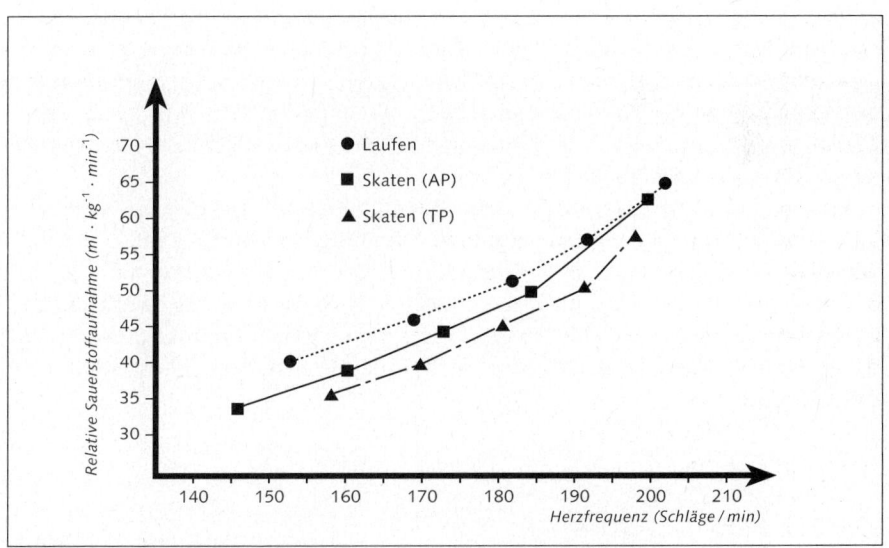

Vergleich von Sauerstoffaufnahme und Herzfrequenz beim Laufen und beim Speedskaten in aufrechter Position (AP) und in tiefer Position (TP) (nach Rundell 1996).

Mit welcher Herzfrequenz sollen Läufer und Radfahrer skaten?

Interessant ist ferner der Vergleich zwischen dem Speedskating und anderen Ausdauersportarten. Synder et al. (1993) verglichen die Beanspruchungsintensität zwischen Laufen, Radfahren und Speedskating bei einer Ausdauersportgruppe. Sie konnten wesentliche Unterschiede in der Sauerstoffaufnahme, Lactatkonzentration und Herzfrequenz zwischen den drei Disziplinen feststellen (s. Tabelle, S. 23). Im Radfahren lagen die Herzfrequenzen im Vergleich zum Inline-Skating signifikant niedriger. An der 4 mmol/l Lactatschwelle betrug der Herzfrequenz-Unterschied zum Radfahren 18 Schläge/min. Zu ähnlichen Ergebnissen kommen Zapf et al. (1997). Die Bayreuther Arbeitsgruppe führte bei 10 Sportstudenten jeweils einen Stufentest im Radfahren auf dem Ergometer und im Inline-Skating auf einer asphaltierten Rundbahn durch. Im submaximalen Stoffwechselbereich (Lactat < 6 mmol/l) lagen die Herzfrequenzen im Inline-Skating fast 10 % höher als beim Ergometerfahren. Signifikant höher ist die Herzfrequenz beim Skating auch in bezug zur Sauerstoffaufnahme. Dies bedeutet, daß man für ein reizwirksames aerobes Ausdauertraining, welches nach den Angaben des American College of Sports Medicine bei mindestens 55 % der maximalen Sauerstoffaufnahme liegen sollte, beim Speedskating mit deutlich höheren Herzfrequenzen trainieren muß als in anderen Ausdauersportarten. Mit zunehmender Skatinggeschwindigkeit steigen allerdings die Anforderungen an das Stütz- und Bewegungssystem (tiefe Skatingposition), an die Konzentration und Koordination sowie an die Lauftechnik. Langzeitausdauerbelastungen über mehrere Stunden sind ohne Fahrpausen nicht realisierbar. Regelmäßige Dehn-, Streck- und Entspannungsübungen sind während einer Ausdauereinheit erforderlich, um beispielsweise auftretenden Rückenschmerzen entgegenzuwirken. Ein herzkreislauf-orientiertes Grundlagenausdauertraining bzw. Fettstoffwechseltraining ist mit Inline-Skates aus diesen Gründen nur bedingt möglich. Ambitionierte Inline-Skater trainieren die Grundlagenausdauer von daher vorwiegend mit Radfahren und Laufen. Besonders effektiv kann beim Inline-Training jedoch die aerobe Kraftausdauer entwickelt werden, welche in vielen Sportarten ein leistungsbestimmender Faktor ist.

Aus den bisherigen Ergebnissen kann man schlußfolgern, daß die bei einem Laufband- oder Fahrradergometertest ermittelten Trainingsbereiche für Läufer oder Radfahrer nicht unmittelbar auf das Inline-Training übertragbar sind. Wer nach den Referenzwerten aus dem Radfahren oder Laufen trainiert, wird wahrscheinlich keinen adäquaten Trainingsreiz für die Entwicklung der spezifischen Fähigkeiten setzen. Wie Sie beim Inline-Skating Ihre individuellen Trainingsbereiche bestimmen, erfahren Sie auf Seite 24 ff.

Mittlere Herzfrequenz und Standardabweichung beim Skaten, Laufen und Radfahren von 9 ausdauertrainierten Sportlern und die Beziehung zur Sauerstoffaufnahme und Lactatkonzentration (* signifikante Unterschiede zur anderen Sportart p ≤ 0.05) (entnommen aus Synder et al. 1993)

Sportart	Herzfrequenz bei einer Sauerstoffaufnahme von 30 ml • min^{-1} • kg^{-1}	Herzfrequenz bei einer Lactatkonzentration von 4 mmol/l
Inline-Skating	155 ± 6*	167 ± 6
Laufen	141 ± 5	170 ± 4
Radfahren	135 ± 3	149 ± 3*

Überblick über die Trainingsbereiche im Inline-Skating (REKOM: Regenerations- und Kompensationstraining, GA: Grundlagenausdauertraining, WSA: Wettkampfspezifisches Ausdauertraining, KA: Kraftausdauertraining)

Training	Ziel	Intensität	Methode
REKOM	Unterstützung der Regenerationsprozesse und Kompensation	sehr niedrig < 70 % der Hf$_{max}$ Lactat: ≤ 2 mmol/l	Dauermethode
GA 1	Stabilisierung und Entwicklung der Grundlagenausdauer	niedrig bis mittel 70–80 % der Hf$_{max}$ Lactat: 2–3 mmol/l	Dauermethode
GA 1/2	Ökonomisierung und Entwicklung der Grundlagenausdauer	mittel 75–85 % der Hf$_{max}$ Lactat: 3–4 mmol/l	(wechselhafte) Dauermethode Fahrtspiel
GA 2	Erhöhung und Entwicklung der Grundlagenausdauer	mittel bis hoch 80–90 % der Hf$_{max}$ Lactat: 4–7 mmol/l	Dauermethode Fahrtspiel extensive Intervalle
WSA	Ausprägung der wettkampfspezifischen Ausdauer	hoch bis sehr hoch > 90 % der Hf$_{max}$ Lactat: > 7 mmol/l	Wettkampfmethode intensive Intervalle Wiederholungsmethode
KA 1	Entwicklung der aeroben Kraftausdauer	mittel 80–90 % der Hf$_{max}$ Lactat: 3–4 mmol/l	Dauermethode extensive Intervalle
KA 2	Entwicklung der anaeroben Kraftausdauer	hoch bis sehr hoch 85–95 % der Hf$_{max}$ Lactat: > 6 mmol/l	Wettkampfmethode intensive Intervalle Wiederholungsmethode

Lactatmessung

Die Messung der Lactatkonzentration während sportlicher Belastungen bietet umfassende Möglichkeiten zur Leistungsbeurteilung und zur Belastungsgestaltung im Training. War in der Vergangenheit die Lactatmessung nur Hochleistungssportlern und sportmedizinischen Instituten vorbehalten, können nun auch Sie durch die neue, einfach zu bedienende trockenchemische Lactatmeßmethode davon profitieren. Dazu steht Ihnen das kleine handliche Meßgerät «Accusport lactat» zur Verfügung, mit dem Sie die Lactatkonzentration im Blut in wenigen Sekunden selbst bestimmen können. Eine Kontrolle Ihrer Trainingsintensität ist also jederzeit möglich. Sie erhalten mit der Lactatmessung eine sofortige Rückmeldung, ob Sie auch im angestrebten Intensitätsbereich trainieren.

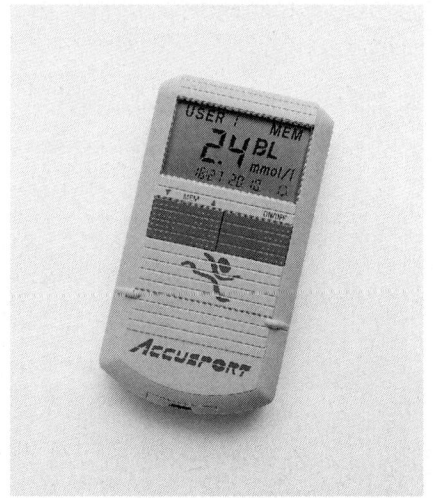

Kleines handliches Meßgerät zur Eigenbestimmung des Blutlactats. («Accusport lactat» der Firma Hestia, Mannheim)

Für die **Eigenbestimmung des Blutlactats** benötigen Sie etwas Übung. Bevor Sie das Lactatmeßgerät im Training oder gar bei einem Test einsetzen, sollten Sie sich die einzelnen Handgriffe in Ruhe, am besten schon zu Hause, genau eingeprägt haben.

Lactatkontrollen geben Ihnen ein Biofeedback über die Stärke der aktuellen Beanspruchung. Haben Sie Lactatmessungen im Training mehrmals vorgenommen, so werden Sie eine gewisse Sensibilität für die Belastungsintensität entwickeln, d. h., daß Sie für bestimmte Anstrengungen den Lactatwert als Ausdruck der inneren Beanspruchung voraussagen und somit zielorientiert trainieren können. Ist ein Gefühl für die Belastungsintensität vorhanden, so reicht es, wenn Sie von Zeit zu Zeit Lactatmessungen durchführen, quasi um die Richtigkeit Ihres Gefühlseindrucks zu kontrollieren.

Feldstufentest

Als leistungsdiagnostisches Verfahren zur Bestimmung der Ausdauerleistungsfähigkeit hat sich das Prinzip einer stufenförmig ansteigenden Belastung bewährt. Dieses Testverfahren kann im Labor auf dem Laufband oder im Feld, z. B. auf einer Rollerbahn, angewendet werden. In der Praxis haben sich die Tests im Feld durchgesetzt, da nur wenige Untersuchungsstellen mit einem zum Skaten geeigneten Laufband ausgestattet sind. Ziel des Feldstufentests ist es, die aerobe und anaerobe Ausdauerfähigkeit zu bestimmen und aus den Ergebnissen Belastungsvorgaben für das Training abzuleiten. Die Kenngröße der Ausdauerfähigkeit ist die Geschwindigkeit an der individuel-

Vor der Lactatmessung wird die aktuelle Belastungsherzfrequenz registriert. Schalten Sie danach das Lactatschnellmeßgerät ein.

Nehmen Sie einen Teststreifen und schieben ihn in das Meßgerät. Nach dem Signalton können Sie die Klappe öffnen.

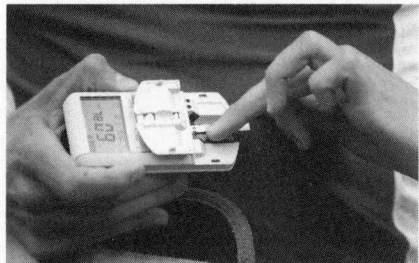

Lassen Sie einen großen Bluttropfen auf das gelbe Feld des Teststreifens tropfen, nicht abstreifen! Schließen Sie die Klappe, und warten Sie, bis nach wenigen Sekunden der Lactatwert angezeigt wird.

Stechen Sie die Fingerbeere seitlich an.

len aeroben und aneroben Schwelle. Die **individuelle aerobe Schwelle** kennzeichnet den Bereich des optimalen sauerstoffabhängigen Energiestoffwechsels und liegt bei etwa 2 mmol / l Lactat, bei hochtrainierten Speed-Skatern teilweise darunter. Die **individuelle anaerobe Schwelle** kennzeichnet jene Belastungsintensität, bei der Lactatbildung und -abbau gerade noch im Gleichgewicht stehen. Höhere Intensitäten führen zu einem rapiden Anstieg der Lactatkonzentration im Blut. Der Lactatwert an der anaeroben Schwelle liegt bei etwa 4 ± 1 mmol / l. Der Bereich zwischen der aeroben und anaeroben Schwelle wird als aerob-anaerober Übergangsbereich bezeichnet.

Testdurchführung

Für die Festlegung der Trainingsherzfrequenz und -geschwindigkeit sind 4–6 Stufen von mindestens 4 Minuten Dauer notwendig. Wird der Test auf einer Rollerbahn durchgeführt, skaten Sie nach Ablauf der Stufendauer von 4 Minuten die angefangene Runde zu Ende. Wählen Sie für jede Belastungsstufe eine gleichmäßige Geschwindigkeit. Die erste Stufe liegt im aeroben Bereich. Erhöhen Sie dann das Tempo pro Stufe um etwa 2–3 km/h. Die letzte Stufe sollten Sie mit maximaler Geschwindigkeit skaten. Unmittelbar nach jeder Stufe wird aus der Fingerbeere oder dem Ohrläppchen ein Bluttropfen zur Bestimmung der Lactatkonzentration entnommen. Während des gesamten Tests wird die Herzfrequenz mit einem speicherbaren Herzfrequenzmeßgerät (z. B. «Polar Electro», s. S. 31) registriert.

Zur Steuerung des Lauftempos gibt es mehrere Möglichkeiten. Sie können die Teststrecke in mehrere Teilabschnitte unterteilen und sich an einer Geschwindigkeitstabelle mit Vorgabezeiten orientieren oder nach den akustischen Signalen eines Timers skaten. Alternativ können Sie die Belastungen pro Stufe auch nach der Herzfrequenz steuern. Beginnen Sie mit einer Herzfrequenz zwischen 120 und 140 Schlägen pro Minute und erhöhen die Herzfrequenz pro Stufe um 10–15 Schläge. Die letzte Stufe wird mit maximalem Einsatz geskatet. Zur Kontrolle stoppen Sie die Zeit pro Belastungsstufe.

Testauswertung

Die Geschwindigkeiten jeder Belastungsstufe mit den dazugehörigen Herzfrequenz- und Lactatwerten werden in ein sogenanntes Lactat- bzw. Herzfrequenz-Geschwindigkeits-Diagramm übertragen. Nehmen Sie dazu am besten Millimeterpapier, und zeichnen Sie zwei Ordinatenachsen für Lactat (links) und Herzfrequenz (rechts) sowie eine Abzissenachse für die Geschwindigkeit. Übertragen Sie dann die Meßwertpaare einer jeden Belastungsstufe von Herzfrequenz/Geschwindigkeit und Lactat/Geschwindigkeit in das Diagramm. Verbinden Sie die einzelnen Punkte zu einer Lactat-Geschwindigkeits-Kurve (La-Kurve) und einer Herzfrequenz-Geschwindigkeits-Kurve (Hf-Kurve).

Für die Bestimmung der individuellen aeroben und anaeroben Schwelle gibt es mehrere Möglichkeiten. Am einfachsten ist es, wenn Sie die Trainingsbereiche nach der Tabelle auf S. 23 festlegen. Die individuellen Schwellenwerte können Sie mit Hilfe des folgenden praktikablen Verfahrens bestimmen, mit dem wir gute Erfahrung gemacht haben. Die individuelle aerobe Schwelle (AS) entspricht dem Punkt der La-Kurve, an dem die Lactatkonzentration über den Ruhelactatwert steigt. Zur Bestimmung der individuellen anaeroben Schwelle (ANS) addieren Sie 1,5 mmol/l Lactat zur AS hinzu. Beiden Werten können Sie Herzfrequenz und Geschwindigkeit zuordnen.

Das Grundlagentraining mit Skates wird im Bereich der aeroben Schwelle absolviert. Die anaerobe Schwelle markiert die untere Grenze des Trainings im Grundlagenausdauerbereich 2 (GA 2). Die obere Grenze des GA 2-Trainings liegt bei etwa 7 mmol/l Lactat. Liegt die Intensität darüber, trainiert man die wettkampfspezifische Ausdauer (WSA-Bereich).

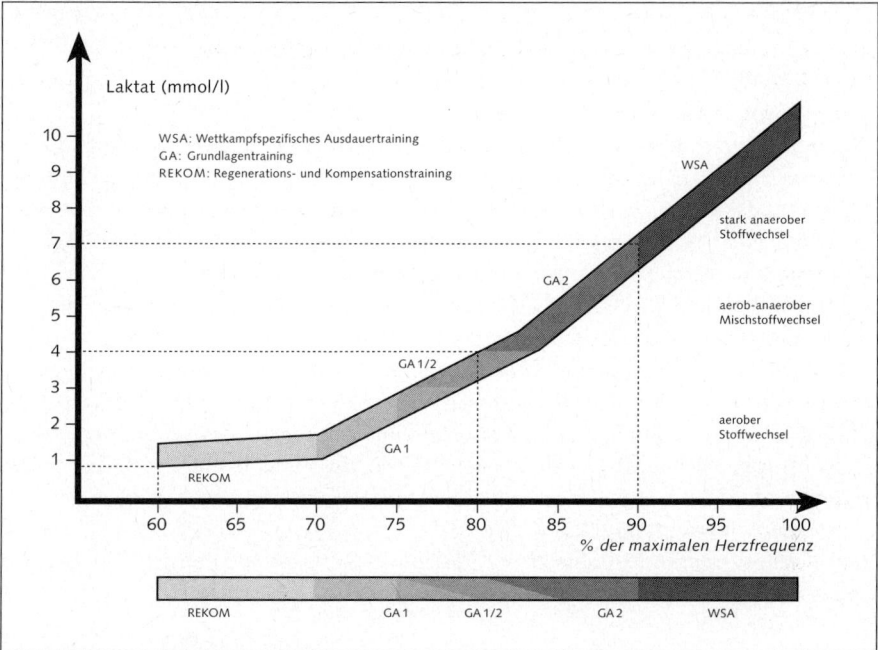

**Trainingsbereiche in Abhängigkeit von der Lactatkonzentration und
der maximalen Herzfrequenz**

Eine Leistungsverbesserung stellt sich in dem Diagramm im Vergleich zu Vortests in einer Rechtsverschiebung der Hf- und La- Kurve dar. Das bedeutet, daß Sie bei gleicher Testleistung niedrigere Lactat- und Herzfrequenzwerte haben.

Einflußfaktoren auf den Lactatwert

Wenn Sie die Trainingsintensität mit Hilfe von Lactatmessungen steuern und kontrollieren, sollten Sie sich mit den Einflußfaktoren auf den Lactatspiegel auseinandersetzen, um einerseits standardisierte Testbedingungen zu schaffen und andererseits die Meßwerte auch richtig einordnen und interpretieren zu können. Einfluß auf die Lactatbildung haben:

Ernährung: Trinken Sie unmittelbar vor oder während der Belastung zuckerhaltige Getränke, kann das zu erhöhten Lactatkonzentrationen in Ruhe und während der Belastung führen. Liegt die letzte Nahrungsaufnahme dagegen mehrere Stunden zurück, sind niedrigere Lactatwerte zu erwarten.

Trainingsvorbelastung: Intensive oder sehr umfangreiche Trainingsbelastungen vor einem Leistungstest beeinflussen die Lactatbildung nachhaltig. Auf den einzelnen Belastungsstufen wird weniger Lactat gebildet. Die Lactat-Geschwindigkeits-Kurve ist nach rechts verschoben, und es wird fälschlicherweise eine verbesserte Leistungsfähigkeit im aerob-anaeroben Übergangsbereich angezeigt.

Bekleidung: Bei sportlichen Aktivitäten sollten Sie immer auf eine den Temperatur- und Witterungsverhältnissen angepaßte Kleidung achten. Gewährleistet die Bekleidung keinen hinreichenden Wärmeaustausch, so steigen die Herzfrequenz- und die Lactatwerte an. Tragen Sie dagegen beispielsweise beim Skaten bei hohen Temperaturen Baumwolltrikots, die den Schweiß aufsaugen, so unterstützen Sie durch die entstehende Verdunstungskälte die Wärmeabgabe. Eine geringere Beanspruchung mit niedrigeren Herzfrequenz- und Lactatwerten wäre die Folge.

Testdesign: Die Anzahl und Länge der Teilstrecken sowie die Erhöhung der Geschwindigkeit von Stufe zu Stufe haben einen Einfluß auf das Testergebnis. Standardisieren Sie von daher das Testverfahren nach den oben erläuterten Vorgaben.

Tageszeit: Wie sie vielleicht aus eigener Erfahrung wissen, unterliegt die Leistungsfähigkeit einer Periodik im Tagesverlauf. In der Regel hat man zwei Leistungshöhepunkte am Tag – einen in den späten Vormittagsstunden und einen am späten Nachmittag. Damit Ihre Testergebnisse vergleichbar sind, sollten Sie die Tests stets zur selben Tageszeit durchführen.

Werden diese Einflußfaktoren bei der Festlegung der Trainingsbereiche nicht berücksichtigt, so können Sie zu falschen Aussagen kommen.

Herzfrequenzmessung

Die Herzfrequenz wird gewöhnlich in Schlägen pro Minuten angegeben. Dabei wird aus einer bestimmten Anzahl von Herzschlägen der Herzfrequenz-Minutenwert berechnet (z. B. gleitender Mittelwert über fünf Herzschläge). Nach der herkömmlichen palpatorischen Methode, d. h., den Puls an der Halsschlagader oder am Handgelenk zu fühlen, müßten Sie das Skating unterbrechen, den Puls suchen und über 6–10 Sekunden die Schläge zählen und daraus den Minutenwert berechnen. Sie würden nicht nur Ihr Training unterbrechen, der ermittelte Wert wäre außerdem noch sehr ungenau, da gerade in den ersten 10–20 Ruhesekunden die Herzfrequenz rapide sinkt. Der Meßfehler zur realen Herzfrequenz kann bis zu 20 Schläge pro Minute betragen – das per Hand ermittelte Ergebnis verliert jegliche Aussagekraft. Mit einem Herzfrequenz-Meßgerät dagegen läßt sich jederzeit die Herzfrequenz auch während des Trainings permanent EKG-genau bestimmen. Damit Sie aus der Herzfrequenzmessung auch einen maximalen Nutzen schöpfen können, sind gewisse Kenntnisse erforderlich. Dazu zählen: Kenntnisse über die Ruhe-, Belastungs- und Erholungs-Herzfrequenz, Kenntnisse zur Herzfrequenz-Variabilität, Einflußfaktoren auf die Herzfrequenz, besondere Symptome der Herzfrequenz und die Bedeutung für das Training.

Ruhe-Herzfrequenz

Die Ruhe-Herzfrequenz bestimmen Sie morgens vor dem Aufstehen im Liegen über eine Minute palpatorisch. Ausdauertraining führt zu einer Herzfrequenz-Erniedri-

Mit der fortwährenden Herzfrequenzmessung kann die Belastungsintensität kontrolliert und exakt eingehalten werden.

gung in Ruhe. Ausdauertrainierte Sportler haben eine Ruhe-Herzfrequenz von 50 Schlägen/min und darunter. Bei Spitzensportlern wurden Werte unter 35 Schlägen/min gemessen. Dies ist auch etwa die untere Grenze, die man durch Training erreichen kann. Weitere Leistungsverbesserungen äußern sich nicht in einer weiterhin sinkenden Ruhe-Herzfrequenz. Allein aus der Ruhe-Herzfrequenz kann man die Ausdauerleistung eines Sportlers nicht abschätzen, da neben dem Ausdauertraining auch andere Faktoren zu einer Abnahme der Ruheherzfrequenz führen können. Die wichtigste Bedeutung hat sie zur Kontrolle des Gesundheitszustandes. Erste Anzeichen für gesundheitliche Störungen wie z. B. grippale Infekte äußern sich in einer Erhöhung der Ruhe-Herzfrequenz. Ist sie beispielsweise morgens vor dem Aufstehen um mehr als 10 Schläge/min erhöht, sollten Sie Ihr körperliches Befinden während des Tages beobachten und ein Training möglicherweise nur im REKOM-Bereich (REgeneration/KOMpensation, s. S. 60) durchführen.

Trainings-Herzfrequenz

Die Trainings-Herzfrequenz hat für die Beurteilung der Belastungsintensität eine große praktische Bedeutung erlangt, da sie den Grad der körperlichen Beanspruchung widerspiegelt. Ohne ein tragbares Herzfrequenz-Meßgerät läßt sich die aktuelle Belastungsherzfrequenz nicht exakt ermitteln.

Maximale Herzfrequenz und Wettkampfherzfrequenz

Die Herzfrequenz, die Sie maximal erreichen können (Hf_{max}), ist abhängig von Lebensalter, Geschlecht, Leistungsbereitschaft, muskulärer Mobilisationsfähigkeit und sportartspezifischer Leistungsfähigkeit. Kinder erreichen problemlos 200 Schläge / min. Auch Frauen neigen zu höheren Herzfrequenzen, so daß Sportlerinnen bei vergleichbarer Leistungsfähigkeit etwa 10 Schlage / min höhere Herzfrequenz-Werte haben als Sportler.

Der aus der Formel «Maximale Herzfrequenz = 220 minus Lebensalter in Jahren» bestimmte Herzfrequenz-Wert bleibt für die Intensitätsfestlegung nur ein grobes Maß. Dieser Wert kann stark von der tatsächlichen Hf_{max} abweichen. Die Trainingsintensitäten können Sie genauer festlegen, wenn Sie die Hf_{max} durch einen Maximaltest (s. Programm 9, S. 72 f.) bestimmen und diesen in regelmäßigen Abständen (4–6 Wochen) zur Kontrolle wiederholen. Voraussetzung für den Test sind ein guter Gesundheitszustand und daß aus ärztlicher Sicht keine Einwände gegen einen Ausbelastungstest bestehen. Aus der individuellen Hf_{max} können Sie Ihre Trainings-Herzfrequenzen prozentual ableiten (s. Tabelle im Anhang, S. 153).

Bei der Bestimmung der Hf_{max} kann es durchaus vorkommen, daß unter dem Einfluß eines hohen, mehrwöchigen aeroben Ausdauertrainings oder nach starken Trainingsbelastungen am Vortag eine volle Aktivierung des Herz-Kreislauf-Systems nicht möglich ist und Sie die Hf_{max} nicht erreichen.

Erholungs-Herzfrequenz

Aus dem Herzfrequenz-Rückgang nach Belastungsende (= Erholungs-Hf) können Sie Ihren Trainingszustand gut abschätzen. Die Erholungs-Herzfrequenz ist ein feiner Gradmesser der Regenerationsfähigkeit. Bei besserer Leistungsfähigkeit erholt sich das Herz-Kreislauf-System schneller von der vorausgegangenen Belastung. Haben Sie sich stark beansprucht oder gar überanstrengt, kommt es zu einem verzögerten Abfall der Herzfrequenz. Bei Ausdauertrainierten wurde nach dem Maximaltest in der ersten Erholungsminute ein Herzfrequenz-Rückgang von 40–50 Schlägen gemessen. Nach intensiven Belastungen kann das Erreichen der Ausgangs- bzw. Ruheherzfrequenz Stunden dauern. Je stärker und je länger der Organismus beansprucht wird, desto langsamer kehrt die Herzfrequenz zum Ausgangswert zurück.

Herzfrequenz-Variabilität

Das Herz schlägt bei körperlicher Ruhe normalerweise nicht im gleichen Zeittakt. Die Zeitdauer variiert von Schlag zu Schlag. Die Variation bzw. Variabilität der Herzfrequenz ist eine natürliche Erscheinung der Herztätigkeit, die sich aus der fortwährenden Änderung der beschleunigenden (sympathischen) und dämpfenden (parasympathischen) nervalen Erregung sowie aus der Steuerung der Atmung, des Blutdrucks, der Wärmeregulierung u. a. ergibt und Rückschlüsse auf den Zustand der Entspannung zuläßt. Mit zunehmendem Lebensalter sinkt die Variabilität. Eine hohe Variabilität der Herzfrequenz weist auf eine aktive Rolle des parasympathischen Nervensystems und auf entspannte Körperfunktionen hin. Eine geringe Variabilität spricht für eine höhere Aktivität des sympathischen Nervensystems und für eine starke physische und mentale Streßbeanspruchung. Mit dem Herzfrequenz-Meßgerät «Polar Vantage NV» steht Ihnen ein Meßinstrument zur Verfügung, das neben den bekannten Funktionen die Entspannungsrate berechnet. Für die Entspannungsrate gibt es keine allgemeingültigen Grenzwerte. Sie müssen Ihre individuell typischen Werte durch Be-

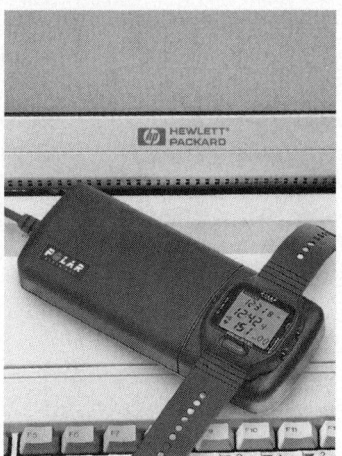

Das Herzfrequenz-Meßgerät «Polar Vantage NV» zeigt auf dem Display die Variation der Herzfrequenz numerisch in Millisekunden und graphisch in Balkenform an.

Streudiagramme

Copyright by POLAR ELECTRO

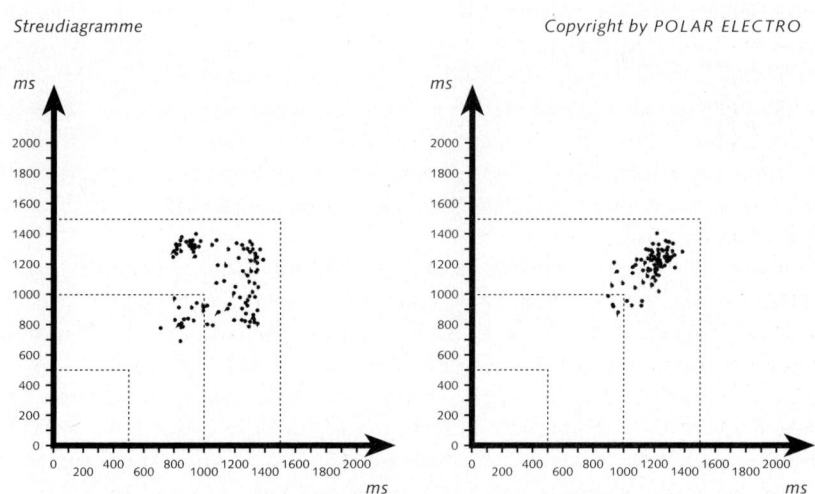

Streudiagramm des Herzschlages in Ruhe über 5 min bei hoher (rechts) und niedriger (links) Entspannungsrate. Die Werte wurden mit dem «Polar Vantage NV» erhoben und mit dem Polar-Herzfrequenz-Analyse-Programm ausgewertet.

obachtung herausfinden, um Abweichungen interpretieren zu können. Für ein normales Entspannungsverhalten in Ruhe wird ein Bereich von 20 bis 100 ms (Millisekunden) angesehen. Allgemein gilt, daß die Entspannungsrate in Ruhe höher ist als unter Belastung. Eine hohe Variabilität in Ruhe kennzeichnet einen guten Entspannungszustand.

Einflußfaktoren auf die Herzfrequenz

Neben Art und Stärke der sportlichen Belastung wird Ihre Herzfrequenz von weiteren Faktoren beeinflußt, die Sie bei der Interpretation der Meßwerte berücksichtigen müssen. Nur wenn Sie die Einflußfaktoren kennen, sind Sie auch in der Lage, die ermittelten Herzfrequenzwerte richtig zu deuten.

Temperatur und Luftfeuchtigkeit: Den stärksten Einfluß auf die Herzfrequenz hat die Erhöhung der Körperkerntemperatur. Bei einem Training unter heißen Temperaturen (> 30 °C), hoher Luftfeuchtigkeit (> 70 %) und ungenügender Flüssigkeitsaufnahme kann Ihre Körperkerntemperatur um 2–3 °C ansteigen. Ihre Trainings-Herzfrequenz würde im Vergleich zu Normalbedingungen bei gleicher Intensität dann um 15–20 Schläge/min höher liegen.

Grundsätzlich wirken sich kurzfristige Klimaänderungen stark auf die Höhe der Herzfrequenz aus. Der Organismus ist nicht in der Lage, sich an die veränderten Bedingungen sofort anzupassen. In der Regel sind mehrere Tage für die Akklimatisation erforderlich. Diese Tatsache müssen Sie im Training und besonders vor einem Wettkampf berücksichtigen, insbesondere wenn der Wettkampf in anderen Klima- und Zeitzonen stattfindet.

Höhenlage: Das Höhentraining ist vor allem für Hochleistungssportler eine wichtige Maßnahme im Leistungsaufbau. Die Herzfrequenz steigt mit zunehmender Höhenlage an. Bereits geringe Belastungsanforderungen führen zu deutlich höheren Herzfrequenzen und zu einem schlechteren Erholungsverhalten. Die Zeitdauer für das Erreichen eines stabilen Herzfrequenzniveaus und einer verbesserten Regulation ist unterschiedlich lang und kann in der Höhe eine Woche betragen. Wie schnell sich die Herzfrequenz reguliert, ist abhängig von der Höhenlage, Ihrer individuellen Leistungsfähigkeit, den gewählten Trainingsbelastungen, der Häufigkeit von Höhenaufenthalten u. a.

Textilien: Die richtige, witterungsabhängige Sportbekleidung beeinflußt die Belastungs-Herzfrequenz. Gewährleisten Textilien keinen hinreichenden Wärmeaustausch, so steigt die Hf an. Auch die Art der Sporttextilien (Baumwolle, Microfaser, Nylon) beeinflußt das Hf-Verhalten unterschiedlich stark.

Nahrungsaufnahme: Mit der Nahrungsaufnahme steigen Herzfrequenz und Lactatkonzentration an. Nach einer kohlenhydratreichen Mahlzeit stellten wir im Mittel 10–20 Schläge/min höhere Herzfrequenzwerte bzw. 1–2 mmol/l höhere Lactatkonzentration fest. Andererseits sind Herzfrequenz und Lactatkonzentration nach länger andauerndem Hungerzustand erniedrigt.

Herzfrequenz-Verhalten in Training und Alltag

Wenn Sie Ihre Herzfrequenz regelmäßig vor, während und nach dem Training kontrollieren, werden Sie für bestimmte Veränderungen sensibel. Für die Beurteilung Ihres aktuellen Gesundheits- und Leistungszustandes ist es wichtig, diese Erscheinungen frühzeitig zu erkennen. Welche besonderen Erscheinungen beobachtbar sind, welche Ursachen dahinterstehen können und welche Konsequenzen sich für das Training ergeben, wird in der folgenden Übersicht dargestellt.

Reaktionen der Herzfrequenz, mögliche Ursachen und Konsequenzen für das Training

Erscheinung / Beobachtung	mögliche Ursache	Trainingsmaßnahme
• Ruhe-Hf ist stark erhöht	• Überbeanspruchung • Übertraining • Infekt	• Reduzierung des Trainings • Trainingspause
• Die Hf erreicht beim WSA-Training nicht den gewohnten Wert	• Übertraining • Glykogenverarmung	• kein WSA-Training • mehr GA-1-Training
• Die Hf_{max} wird im Test nicht erreicht	• Glykogenverarmung • geringe muskuläre Mobilisation • fehlende Motivation	• Reduzierung des Umfangs • Motoriktraining (z. B. Sprints)
• Die Hf bleibt beim Intervalltraining in den Pausen ungewohnt hoch	• Tempo ist zu hoch	• Reduzierung der Trainingsgeschwindigkeit • Verlängerung der Pausen • Abbrechen des Trainings
• Die Hf ist nach dem Training über Stunden erhöht	• Erschöpfung • Flüssigkeitsmangel	• Flüssigkeitszufuhr • REKOM-Training
• Die Hf steigt bei gleichem Tempo ungewohnt stark an	• Flüssigkeitsdefizit • Infekt	• Abbrechen des Trainings • Flüssigkeitszufuhr
• Die Erholungs-herzfrequenz sinkt in den ersten zwei Minuten ungewöhnlich schnell	• Übertraining	• Reduzierung des Trainings an den folgenden Tagen • Motoriktraining (Kurzsprints)
• Die Hf-Variation ist in Ruhe vergleichsweise niedrig	• Überbeanspruchung • Anzeichen einer sich anbahnenden Erkrankung (z.B. grippaler Infekt)	• REKOM-Training • Regenerations-maßnahmen

DIE TRAININGSPROGRAMME

Technik und Koordination

Voraussetzung für ein Ausdauertraining mit Inline-Skates sind spezifische Techniken und koordinative Fähigkeiten. Wenn man Spitzenkönner beobachtet, dann hat man das Gefühl, sie seien mit ihren Skates verwachsen – als wären sie mit Rollen unter den Füßen auf die Welt gekommen. Das ästhetische Bild des gleichsam schwerelos dahinschwebenden Speed-Skaters wird mit zunehmender Könnensstufe verstärkt. Nichts scheint den harmonischen Bewegungsablauf zu stören. Die Basis für solch eine Meisterschaft ist eine ausgefeilte Technik, die ein umfangreiches Training erfordert. Selbst «Profis», bei denen alles so leicht aussieht, üben immer wieder einzelne Elemente, um ihre Technik und Koordination zu stabilisieren bzw. weiter zu verfeinern. Die Voraussetzung für eine gute Technik ist eine leistungsfähige, kräftige Ganzkörpermuskulatur, um eine hinreichende Funktionsstabilität in den Gelenksystemen zu sichern.

Zum Erlernen des Inline-Skatings sollten Sie die Beratung eines qualifizierten Instruktors in einem der zahlreich angebotenen Kurse nutzen. Die Lernfortschritte werden deutlich besser sein als beim autodidaktischen Herangehen. Unsere Erfahrungen haben gezeigt, daß selbst absolute Anfänger nach wenigen Unterrichtseinheiten die Basistechniken des Inline-Skatings so weit beherrschen, daß einem Fitneßtraining nichts mehr im Wege steht. Vergessen Sie beim Erlernen der Techniken nicht, die komplette Schutzausrüstung zu tragen.

Neun Schritte zum Speed-Skating

1. Die Körperhaltung	– Fuß, Knie und Schultern stehen senkrecht übereinander
2. Das Fallen üben	– vorwärts: auf Rasen/Weichboden und Asphalt
	– rückwärts: mit Partnerhilfe auf Rasen/Weichboden
3. Der Skating-Schritt	– beid- und einbeinig: gleiten in relativ aufrechter Körperposition
4. Das Stoppen	– Rasenstopp: mit und ohne Bordsteinkante als Übergang zur Rasenfläche
	– Fersenstopp: dosiert bremsen (Stotterbremse)
	– Schneepflug
	– T-Stopp*: einbeiniges Gleiten, dosiertes Bremsen, Vollbremsung
5. Das Kurvenfahren	– A-Turn
	– paralleles Kurvenfahren
6. Das Übersetzen	– Grundform: in langen und engen Kurven
7. Der Speed-Skating-Schritt	– mit und ohne Armschwung
8. Das dynamische Übersetzen	– Aktivform: in Kurven beschleunigen
9. Die Abfahrtshaltung	– Erholung und Aerodynamik

* Der T-Stopp stellt hohe Anforderungen an das Gleichgewichtsvermögen und kann zu einem späteren Zeitpunkt erlernt werden.

1. Die Körperhaltung

Bevor Sie mit dem Inline-Skating beginnen, sollten Sie sich mit der Skating-Körperhaltung hinreichend vertraut machen. Die «richtige» Körperhaltung im Spiel mit dem dynamischen Gleichgewicht ist das zentrale Element des Skatings. Grundsätzlich sind Sprung-, Knie- und Hüftgelenke leicht gebeugt. Fußspitze, Knie und Schultern stehen senkrecht übereinander. Beim Skating muß sich die Körperposition ständig geänderten Verhältnissen wie wechselndem Belag, Bodenwellen etc. anpassen. Mit zunehmender Übung werden Sie nicht mehr darüber nachdenken, sondern automatisch Ihren **Körperschwerpunkt** genau über das jeweilige Standbein verlagern. Achten Sie darauf, daß der Körperschwerpunkt nicht zwischen, vor oder hinter den Inline-Skates liegt, sondern mittig über Ihrem Standfuß. Dabei sollte **eine gleichmäßige Druckverteilung im Bereich der Fußsohle** spürbar sein. Bei zuviel Vor- oder Rücklage werden sich die Druckpunkte mehr in Richtung der Zehen bzw. der Ferse verlagern. Die Arme werden bewegungsbereit vorne gehalten. In dieser agilen Skating-Position können Sie am besten auf Störungen des Gleichgewichts reagieren.

Körperhaltung beim Skating

Variieren Sie aus dieser Körperposition die Fußstellung, indem Sie die Rollen flach oder auf die Außen- bzw. Innenkanten stellen. Für das Erlernen schwieriger Techniken ist es vorteilhaft, wenn Sie ein Gefühl für diese **unterschiedlichen Fußstellungen** entwickeln.

Fußstellung: Neutral, Außen- und Innenkante

Sie haben einen sicheren Stand, wenn beide Skates wie ein «V» zueinander stehen. Aus dieser Position können Sie erste Schritte gehen. Die ersten Bewegungserfahrungen auf Inline-Skates lassen sich besonders gut auf weichem Untergrund wie Gras oder Teppich sammeln.

«V»-Stellung

2. Das Fallen üben

Die Geschwindigkeit beim Skating berauscht, macht aber nur dann so richtig Spaß, wenn man die Fahrt sicher beenden kann. Stürze kommen in der Regel unvorhergesehen. Die Geschwindigkeit, der Untergrund, das Gelände oder die Fallrichtung sind bei jedem Sturz anders. Trotzdem können Sie auch bezüglich des Fallens prinzipielle Bewegungserfahrungen sammeln, die Sie bei einem Sturz vor Schlimmerem bewahren.

Bevor Sie das Fallen üben, stellen Sie sicher, daß die komplette **Schutzausrüstung** richtig angelegt ist. Schwere Verletzungen entstehen meistens bei einem Sturz auf die Körperrückseite. Diese können Sie weitgehend vermeiden, indem Sie zunächst das Fallen ohne Skates auf einer Weichbodenmatte oder im Sand üben. Folgende Übungen bieten sich an:

* *Fallen nach vorne:* Lassen Sie sich aus dem Stand nach vorne auf Knie-, Hand- und Ellbogenschützer fallen.
* *Fallen nach hinten mit Hilfestellung:* Ein Partner steht direkt hinter Ihnen. Lassen Sie sich gerade nach hinten in die Arme des Partners fallen. Ihr Partner greift Ihre Schultern und dreht Sie nach rechts oder links in die Fallrichtung. Landen Sie auf den Knie-, Hand- und Ellbogenschützern. Der Partner sichert Sie, damit Sie sich, ohne abzusitzen, nach hinten fallen lassen können.
* *Fallen nach hinten ohne Hilfestellung:* Im Unterschied zur vorangegangenen Übung gibt Ihr Partner nur durch Antippen der rechten oder linken Schulter die Fallrichtung vor. Der Partner ist für diese Übung wichtig, um eine Antizipation der Fallrichtung zu vermeiden.
* *Fallen auf Asphalt:* Üben Sie nun das Fallen nach vorne auf Asphalt

Kontrolliertes Fallen nach vorne

Körperschwerpunkt absenken und auf die Knie fallen

Mit nach oben gestreckten Fingern auf den Händen aufstützen und vorwärts rutschen

Auf den Ellenbogenschützern abfangen

Armeinsatz beim Skating-Schritt

zunächst aus dem Stand und später aus der Bewegung. Sie können den Aufprall etwas mindern, wenn Sie wie bei Stürzen auf Eis und Schnee mit den Kunststoffschützern über den Asphalt weiterrutschen. Versuchen Sie, entgegen sonstigen Fall-Erfahrungen, bei Unsicherheiten mit dem Gleichgewicht nicht «groß» zu werden und mit den Armen zu rudern, sondern machen Sie sich «klein», indem Sie den Körperschwerpunkt nach unten absenken.

3. Der Skating-Schritt

Aus der «V»-Stellung kommen Sie leicht in den Skating-Schritt. Stoßen Sie sich mit dem seitlich ausgestellten Bein ab. Nach dem **Abstoßen** ziehen Sie Ihren Abdruck-Fuß parallel neben den Gleit-Fuß. **Gleiten** Sie in paralleler Fußstellung erst auf beiden, später auf einem Skate, und drücken Sie sich dann mit dem anderen Bein ab. Die Abdruck- und die Gleitphase verschmelzen immer mehr miteinander. Die Dynamik erhöht sich, wenn der Skate nach dem Abstoß nicht mehr parallel beigesetzt, sondern direkt in die Bewegungsrichtung nach vorne geführt wird. Das Abstoßbein wird zum neuen Gleitbein. Der Körperschwerpunkt wird genau über das Gleitbein gebracht, der Blick ist in die Bewegung nach vorne gerichtet.

Die Aktionen der Arme wirken stabilisierend auf das dynamische Gleichgewicht. Schwingen Sie die Arme diagonal im gewohnten Geh- bzw. Laufrhythmus am Körper vorbei. Der linke Arm schwingt zum rechten Gleitbein und umgekehrt.

Der Skating-Schritt in aufrechter Position

Rasenstopp

Fersenstopp

4. Das Bremsen

Je nach Situation und Geländebeschaffenheit können Sie auf unterschiedliche Art und Weise bremsen bzw. stoppen. Hier stellen wir Ihnen die wichtigsten Techniken vor.

Der Rasenstopp: Rasenflächen können zum Bremsen und Anhalten genutzt werden. Fahren Sie in Schrittstellung mit leichter Rücklage auf den Rasen zu, halten Sie die Körperspannung, und rollen Sie auf dem Rasen bis zum Stillstand. Ist hingegen die Straße durch einen Bordstein begrenzt, so müssen Sie das Hindernis mit einem Schritt überwinden und auf dem Rasen ausrollen.

Der Fersenstopp: Die einfachste und sicherste Bremstechnik ist der Fersenstopp. Zum Erlernen dieser Technik gleiten Sie in leichter Schrittstellung – der Skate mit dem Stopper steht etwa eine Fußlänge vor dem anderen Skate – und simulieren die Bremsbewegung ohne Einsatz des Stoppers, indem Sie mehrmals den Körperschwerpunkt heben und senken. Nach dieser Vorübung setzen Sie dosiert den Stopper ein. Entlasten und strecken Sie den vorne laufenden Führungsskate, senken Sie den Körperschwerpunkt nach hinten ab, und heben Sie die Fußspitze, bis das Bremsgummi Bodenkontakt hat. Versuchen sie, effektiv zu bremsen (Vollbremsung).

Der Schneepflug: Der Schneepflug ist eine Bremstechnik aus dem Anfänger-Skiunterricht. Auf Skates lassen Sie erst die Füße auseinanderlaufen und versuchen dann bei stark gebeugten Beinen, die Knie vor- und einwärts zu drehen, wodurch die Rollen auf die Innenkanten gestellt werden. Es sieht ein wenig x-beinig aus. Durch den gleichmäßigen Druck auf die Innenkanten beider Skates und ein gleichzeitiges Rollen und Rutschen verlangsamen Sie die Fahrt.

Der T-Stopp: Eine sehr effektive Technik, um die Geschwindigkeit zu reduzieren, ist der T-Stopp. Beim T-Stopp werden die Skates T-förmig zueinander gestellt, wobei das Bremsbein rechtwinklig hinter das Standbein gestellt wird. Das vordere Bein ist belastet und leicht gebeugt. Die Rollen des hinteren Bremsbeines schleifen quer zur Fahrtrichtung über den Asphalt. Je nachdem, wieviel Druck Sie auf Ihr hinteres Bein geben, werden Sie unterschiedlich stark abbremsen. Halten Sie in jedem Fall die Skates durch Spannung der Beinmuskulatur so dicht wie möglich beisammen, damit sie durch die Fahrtgeschwindigkeit nicht auseinandergezogen werden. Ein Nachteil dieser Bremstechnik liegt im hohen einseitigen Verschleiß der bremsenden Rollen.

Schneepflug

T-Stopp

A-Turn

5. Das Kurvenfahren

Der A-Turn: Eine einfache Kurventechnik ist der A-Turn. Aus der parallelen Grundstellung heraus lassen Sie die Inline-Skates so weit auseinanderlaufen, bis die Rollen auf den Innenkanten stehen. Verlagern Sie dann Ihren Körperschwerpunkt zu einer Seite. Dadurch belasten Sie den einen Skate mehr als den anderen und lenken so um die Kurve. Ist der rechte Fuß belastet, so fahren Sie nach links und umgekehrt. Der Blick ist in die Kurve gerichtet.

Das parallele Kurvenfahren: Eine weitere Kurventechnik und gleichzeitig ein probates Mittel, um auf rasanten Abfahrten die Geschwindigkeit zu reduzieren, ist das parallele Kurvenfahren. Das Prinzip ist ein Einnehmen der Kurvenlage und ein Umkanten der Skates auf die jeweils bogeninnere Kante. Dabei sind zwei Ausführungen möglich:

(1) Aus paralleler Fahrt wird vor der Kurve das bogeninnere Bein in leichter Schrittstellung nach vorne geschoben. In der Kurve wird das bogenäußere Bein dann beigezogen, gleichzeitig wird der bogenäußere Arm nach innen geführt. Sie rotieren sozusagen mit dem Körper in die Kurve hinein.

Eine hilfreiche Metapher für das Erlernen des Kurvenfahrens ist die Vorstellung, Sie würden mit einem Lenkrad in den Händen um die Kurve steuern. In kompakter neutraler Körperhaltung fahren Sie wie auf Schienen mehrere Kurven nacheinander.

(2) Sie fahren die Kurve in paralleler Schrittstellung an. Rotieren Sie nicht mit der Hüfte und dem Oberkörper in die Kurve hinein, sondern drehen Sie die Oberschenkel bei leichter Kniebeugung unabhängig vom Rumpf kurveneinwärts. Hierbei benötigen Sie besonders im Bereich der Hüfte eine hohe Stabilität und Körperspannung. Durch aktives, schnelles Drehen der Beine wird es möglich, in sehr kleinen Radien Richtungsänderungen auszuführen.

Kurvenfahren aus leichter Schrittstellung

**Paralleles Kurvenfahren mit
schneller Beindrehung**

6. Das Übersetzen

Das Übersetzen als aktive Kurventechnik bedarf höherer Anforderungen an das motorische Lernen. Beim Übersetzen laufen Sie quasi um die Kurve. Das bogenäußere Bein muß überkreuz vor das bogeninnere Bein gesetzt werden. Nach dem Abdruck des bogeninneren Beines wird der Skate nach innen in Richtung Kurve aufgesetzt. Der Abdruck erfolgt jeweils von den kurveninneren Kanten der Skates, d. h., bei einer Rechtskurve drücken Sie sich rechts mit der Außenkante und links mit der Innenkante der Rollen ab. Hinweise zur dynamisch beschleunigenden Variante des Übersetzens lesen Sie auf Seite 49.

7. Der Speed-Skating-Schritt

Der Speed-Skating-Schritt, mit dem Spitzenkönner auf der Ebene über 40 km/h erreichen, ist durch das harmonische Zusammenspiel von ruhigen, gleichförmigen Bewegungen der Arme und der Beine während der **Abdruck-** und **Gleitphase** und das Einnehmen einer möglichst tiefen aerodynamisch günstigen, windschlüpfrigen Oberkörperposition gekennzeichnet. Damit unterscheidet sich die Technik der Speed-Skater schon vom äußeren Erscheinungsbild her wesentlich von der Technik der Fitneß-Skater. Besondere Merkmale der Beinarbeit sind das Aufsetzen auf der jeweiligen Außenkante des «Gleitskates», die vollständige Beinstreckung und der explosive «Kick» in der Abdruckphase.

Wie in der Bildreihe auf Seite 46 sichtbar, bleibt der Oberkörper während des gesamten Bewegungsablaufes nach vorne gebeugt. Die **Oberkörpervorlage** ist erforderlich, um eine lange Abdruckphase zu gewährleisten. Je tiefer die Position, desto weiter kann das Bein zur Seite abgespreizt werden, und desto länger ist die Druckphase. Das Gleitbein kann im Kniegelenk bis auf 90° gebeugt werden. Eine besonders tiefe Position ist beim Beschleunigen und Sprinten erforderlich. Die Abdruckphase wird progressiv gestaltet, d. h., am Ende der vollständigen Beinstreckung erfolgt von allen Rollen gleichzeitig ein explosiver «Kick». Die Voraussetzung für einen hohen Wirkungsgrad der eingesetzten Abdruckkräfte ist eine stabile Hüft- und Knieposition. Ein Nachgeben in den Gelenken würde die Übertragung des Kraftimpulses beeinträchtigen. Nach dem explosiven «Kick» wird der Gleitskate mittig aufgesetzt. Erst kurz vor dem erneuten Abstoß kippen Sie den Fuß wieder auf die Innenkante. Mit der Kippbewegung auf die Innenkante geht eine Gewichtsverlagerung einher. Der Körperschwerpunkt wird über das jeweilige Gleitbein verlagert. Das vorherige Gleitbein wird nun zum Abdruckbein.

Doppeldrucktechnik (Double Push): Der US-Amerikaner Chad Hedrick hat den Bewegungsablauf der Speed-Skatingtechnik um die sogenannte Doppeldrucktechnik (double push) erweitert. Die Grundidee der weiterentwickelten Technik ist, die Gleitphase für eine zusätzliche Druckentwicklung und damit für eine höhere Beschleunigung zu nutzen. Dies wird erreicht, indem die Verlagerung des Körperschwerpunktes über das Standbein sehr frühzeitig einsetzt, d. h. mit dem Abdruck einhergeht. Daraus ergibt sich, daß der Körperschwerpunkt gewissermaßen über die Seite hinaus verlagert wird und die Körperschwerpunktlinie nicht mehr direkt über der Fußspitze des Gleitbeins, sondern seitlich neben dem Fuß verläuft. Diese extreme Seitenverlagerung bewirkt ein kurzes Kippen auf die Außenkante der Rollen. Kurz darauf verlagert sich der Körperschwerpunkt wieder in die entgegengesetzte Richtung, was ein Kippen über die Rollenmitte auf die Innenkante bewirkt. Durch diese **Kippbewegung** und die damit verbundene kleine Kurvenbewegung wird die herkömmliche Gleitphase für eine zusätzliche Druckentwicklung genutzt. Der gesamte Bewegungsablauf wird durch den fast durchgängigen Kontakt beider Skates mit dem Untergrund fließender und effizienter.

Der Armschwung: Rhythmische Armbewegungen sollen den Bewegungsfluß und den Beinabdruck effektiv unterstützen (s. S. 48). Gleiten Sie auf dem linken Bein, so schwingt der rechte Arm rechtwinklig gebeugt zum Gleitbein nach vorn, während der linke Arm gestreckt nach hinten oben zeigt. Beim Ein-Arm-Schwung liegt ein Arm auf dem Rücken. Es schwingt beispielsweise der linke Arm im Rhythmus des rechten Gleitbeines. Ein unkoordinierter Armschwung kann zu einem unerwünschten Pendeln des Oberkörpers und zu einer falschen Lage des Körperschwerpunktes führen. Skaten Sie ohne Armschwung, so können Sie die Hände im Bereich des unteren Rückens überkreuzen. Diese Armhaltung wird bevorzugt beim Fahren im Windschatten eingesetzt.

Skating-Schritt ohne Armschwung

Skating-Schritt mit Armschwung

8. Das dynamische Übersetzen

Das dynamische Übersetzen, die fortgeschrittene Variante des Kurvenfahrens, sehen Sie auf den Seiten 50 / 51. Mit dieser Technik kann man seine Geschwindigkeit in der Kurve steigern. Nehmen Sie dazu eine stromlinienförmige **tiefe Körperhaltung** ein, und behalten Sie diese über den gesamten Kurvenverlauf bei. Nur wenn Sie die tiefe Position mit der nötigen Körperspannung halten, werden Sie den auftretenden Zentrifugalkräften, die mit steigender Geschwindigkeit zunehmen, gegensteuern können. Der Kopf, der Rumpf und die Richtung, in der die Inline-Skates aufgesetzt werden, bestimmen den Kurvenverlauf. Belasten Sie in allen Bewegungsphasen die kurveninneren Kanten der Skates, um den nötigen Grip zu erzielen. Das Kennzeichen dieser Technik ist das Übersetzen des bogenäußeren Beines über das Bogeninnere.

Der **Abdruck des bogenäußeren Beines** erfolgt mit vollständiger Streckung im Kniegelenk von der Innenkante des Skates. In der Erholungsphase wird der Skate knapp über dem Boden nach vorne geführt und überkreuz vor dem Gleitskate (bogeninnen) aufgesetzt. Jetzt kommt es zur Gewichtsverlagerung, das bogenäußere Bein wird zum Gleitbein. Gleichzeitig erfolgt der **Abdruck des bogeninneren Beines**. Der Abdruck des bogeninneren Beines unterscheidet sich wesentlich vom Abdruck des bogenäußeren Beines. Während der Abdruckphase wird das bogeninnere Bein so weit wie möglich aus der Kurve heraus auf die Außenkante des Skates gestellt. Diese Position ermöglicht es, mit dem Oberkörper Druck auf die Außenkante des bogeninneren Beines auszuüben. Dieser Druck verstärkt sich zusätzlich, wenn durch Oberschenkel- und Hüftmuskulatur das bogenäußere Bein unter dem Körper nach außen gedrückt wird. In diesem Moment liegen das Gewicht und der Druck auf dem Mittelstück der Schiene. Indem das bogenäußere Bein nach außen drückt, wird sichergestellt, daß die Körperposition gehalten wird und der Abdruck in die gewünschte Richtung geht. Der Abdruck des bogeninneren Beines erfolgt in Richtung der bogenäußeren Hüfte. Dies stellt besondere Anforderungen an die Beweglichkeit im Hüftgelenk und an die statische Haltekraft des bogenäußeren Beines. Nach diesem Abdruck wird das bogeninnere Bein wieder am äußeren Bein vorbei vorn aufgesetzt.

Der Skate muß jeweils in Richtung des Kurvenradius aufgesetzt werden. Wichtig ist, daß der Abdruckimpuls gleichmäßig auf beide Beine verteilt ist und wenigstens immer ein Skate Druck ausübt. Abdruck- und Erholungsphasen haben ein ähnliches Timing. Nach dem Übersetzen darf die passive Gleitphase nicht zu lang sein. Der Abdruck muß sofort nach außen erfolgen, um kontinuierlich Druck gegen die Zentrifugalkraft auszuüben.

Der Armschwung wird wie beim Speed-Skating-Schritt diagonal ausgeführt und unterstützt den Bewegungsrhythmus.

Dynamisches Übersetzen

9. Die Abfahrtshaltung

Je höher die Fahrtgeschwindigkeit, desto bedeutsamer wird die Überwindung des Luftwiderstandes. Von den Abfahrtsläufern des alpinen Skilaufens her kennen wir die tiefe zusammengekauerte Abfahrtshocke, um der Luft eine möglichst geringe Angriffsfläche zu bieten. Für den Speed-Skater ist es allerdings wichtig, daß er sich beim Abfahren erholen kann, indem er sich mit den Händen oder den Ellenbogen auf den Knien aufstützt und dabei zugleich seine Rückenmuskulatur entlastet.

Bewegungsaufgaben und Spielformen zur Technik

Ein Techniktraining ist nicht nur für Anfänger, sondern für jeden Speed-Skater äußerst wertvoll. Sicherheit und Lockerheit auf Inline-Skates erlangen Sie am besten im spielerischen Umgang mit den Basistechniken. Hierzu bietet sich ein Parcours mit unterschiedlichen Bewegungsaufgaben und Spielen an.

Abfahrtshaltung des Speed-Skaters

Schattenlaufen

Skating-Schritt

Ziel: *Bewegungsrhythmus*

- Den Wechsel von Druck und Gleitphase können Sie sehr wirkungsvoll unterstützen, wenn Sie sich den Takt selbst vorsprechen, beispielsweise: uuuuuuund hopp, uuuuuuund hopp, oder und gleiiiiiiiten, und gleiiiiiiiten. Auf diese Weise läßt sich z. B. sehr gut entweder das explosive Abdruckverhalten oder die lange Gleitphase üben.
- Ein Partner gibt Ihnen den Bewegungsrhythmus durch Zurufe vor.
- Schatten-Lauf: Kopieren Sie den Bewegungsrhythmus und die Fahrlinie des Vorausfahrenden.

Ziel: *Armbewegung*

- Versuchen Sie beim Gleiten auf dem rechten Fuß, mit dem linken Arm weit über die rechte Fußspitze nach vorne zu greifen und umgekehrt.
- Lassen Sie beim Ein-Armschwung wechselweise mal den linken oder mal den rechten Arm auf dem Rücken liegen. Sie können den Wechsel auch

Armschwung

nach einer festen Reihenfolge durchführen: z. B. jeweils nach drei Bewegungszyklen den Arm wechseln.
- Kontrast-Armschwung: Laufen Sie erst mit übertrieben weit ausladenden Armbewegungen, dann mit schlaff hängenden Armen, und erfühlen Sie die Unterschiede hinsichtlich Geschwindigkeit, Dynamik, Gleichgewicht und Bewegungsstabilität.

Ziel: *Abdruck*
- »Rollerfahren«: Stoßen Sie sich mehrmals kräftig mit einem Bein ab. Sie können das Bein nach einem vorgegebenen Schema oder nach der Zeit wechseln.
- Konzentrieren Sie sich auf den letzten Impuls der Abdruckbewegung, den Power-Push. Führen Sie die Streckbewegung mal mehr nach vorne (flach) und mal mehr nach oben aus.
- Konzentrieren Sie sich im Moment der maximalen Fuß-, Knie- und Hüftgelenkstreckung auf die Druckempfindungen, die durch die Skates entstehen.

Ziel: *Gleiten*
- Gleiten Sie möglichst lange auf einem Bein, und versuchen Sie auch, trotz nachlassender Geschwindigkeit, die Balance zu halten. Wer gleitet nach maximaler Beschleunigung am weitesten auf einem Bein?
- Führen Sie möglichst lange Gleitschritte aus, ohne den Bewegungsrhythmus zu verlieren.

Langes Gleiten

Bremsen

Ziel: *Fersenstopp und T-Stopp*

- Markieren Sie eine Haltezone, und üben Sie das Anhalten aus unterschiedlichen Geschwindigkeiten mit unterschiedlichen Bremstechniken.
- Führen Sie eine «Fersen-Stotterbremsung» durch. Lösen Sie mehrmals den Stopper vom Boden, und variieren Sie den Bremsdruck.
- Versuchen Sie während einer Schlangen-Formation mit ein oder zwei hinter Ihnen laufenden Skatern, diese durch überraschende Aktionen mittels Fersenstopp zum Stehen zu bringen.
- Reagieren Sie mit unterschiedlichen Bremstechniken so schnell wie möglich auf ein akustisches oder optisches Signal. Messen Sie den Bremsweg und die Zeit bis zum Stillstand. Wer bremst am schnellsten, oder welche Technik ist am wirkungsvollsten?

Kurvenfahren

Ziel: *A-Turn und paralleles Kurvenfahren*

- Versuchen Sie eine abgesteckte Slalomstrecke genau zu durchfahren.
- Fahren Sie durch unterschiedlich weite und enge Slalomparcours. Nehmen Sie für die Begrenzung der Parcours keine Gegenstände, an denen Sie sich im Falle eines Sturzes verletzen können.
- Befahren Sie den Slalomparcours ein- und beidbeinig, und verändern Sie die Abstände.
- «Girlandenfahren»: Auf einer leicht abfallenden Strecke steuern Sie eine Kurve mehrmals aus.

Ziel: *Übersetzen*

- Überkreuzen Sie im Gehen die Beine rechts vor links und umgekehrt.
- «Seilkreisel»: Lassen Sie sich von einem Partner «voltigieren». Greifen Sie dazu mit der bogeninneren Hand ein Seil, und laufen Sie mit Überkreuzschritten den Radius, den das Seil zuläßt. Variieren Sie die Seillänge, und vergessen Sie auch die andere Seite nicht.

Die Bremstechniken der Kids

Schlangenfahren

- Kurvenlage: Versuchen Sie sich mit unterschiedlichen Kurventechniken und in unterschiedlichen Geschwindigkeiten so weit wie möglich in die Kurve zu legen.
- Bogentreten: Laufen Sie in geringer Geschwindigkeit um die Kurve. Dabei setzen Sie in Form von Nachstellschritten die Füße mit jedem Schritt immer mehr kurveneinwärts. Der kurveninnere Fuß bleibt vorne.

Abfahren
Ziel: kontrolliertes Abfahren

- Experimentieren Sie beim Abfahren mit unterschiedlichen Körperhaltungen (relativ aufrecht, mit ausgebreiteten Armen, in tiefer Hocke) und erspüren Sie die Unterschiede!
- Fahren Sie in der Gruppe eine Abfahrt in Schlangenformation; nehmen Sie in der Gruppe unterschiedliche Positionen ein.
- Fahren Sie eine Abfahrt mit kurzen parallelen Schwüngen.
- Befahren Sie gesicherte Gefällestrecken mehrmals auf Zeit.

Slalomfahren

Spielende Kinder

Spielformen

Es gibt eigentlich keine natürlichere Lerngelegenheit als das Spiel. In dem Moment, in dem Sie Ihre Aufmerksamkeit auf das Spielgeschehen richten, hat Ihr Körper die Chance, sich wie von selbst mit neuen Bewegungsformen auseinanderzusetzen und vielfältige Bewegungserfahrungen zu sammeln. Schnelle beschleunigende oder lange raumgreifende Skating-Schritte, Richtungsänderungen, Abbremsen und Reagieren auf Mitspieler oder Ball werden in ständig wechselnden Situationen erprobt und ins Bewegungsrepertoire mitaufgenommen. Prinzipiell lassen sich fast alle Bewegungsspiele, die Sie kennen, auch mit Skates ausführen. Der Kreativität im Erfinden neuer Spielformen sind keine Grenzen gesetzt. Gute Erfahrungen wurden mit **Fangspielen** wie Ketten- oder Schwänzchenfangen, Komm mit – Lauf weg, der Plumpsack geht herum, **Staffeln, Inline-Hockey, Frisbee oder Formations- und Schlangenfahren** gemacht. Diese Spiele sind nur eine sehr kleine Auswahl aus den vielen Spielen, die in einschlägigen Büchern zusammengetragen sind.

Besonders für Anfänger hat es sich als hilfreich erwiesen, Inline-Hockey zu spielen. Mit dem Schläger in den Händen nehmen sie automatisch die richtige Position ein. Der Oberkörper ist nach vorne geneigt, und Sprung-, Knie- und Hüftgelenke sind gebeugt. Außerdem bietet der Schläger für die ersten Schritte noch eine kleine Hilfe bei Unsicherheiten mit dem Gleichgewicht.

Kondition:
Programme und Trainingsbereiche

Wenn Sie die Grundtechniken des Inline-Skatings erlernt haben, können Sie beginnen, Ihre Kondition zu trainieren. Kondition ist der Oberbegriff für die **Teilfähigkeiten Ausdauer, Kraft, Schnelligkeit und Beweglichkeit.**

Am Anfang des Trainings steht die Entwicklung der Basisausdauer. Längere Trainingseinheiten werden in geringer bis mittlerer Intensität absolviert. Andere Trainingsmittel, wie Radfahren, Laufen oder Skilanglaufen, eignen sich dafür besonders. Mit dem Grundlagenausdauertraining werden die Voraussetzungen für die intensiven Trainingsformen des Speed- und Racetrainings geschaffen. Wie viele Trainingseinheiten Sie anteilig für die Entwicklung von Ausdauer, Schnelligkeitsausdauer, Schnelligkeit und Kraftausdauer aufwenden, ist nicht nur von Ihren angestrebten Zielen, sondern wesentlich von den speziellen Anforderungen im Wettkampf abhängig. So müssen Sie beispielsweise für ein Speedrennen auf der Kurzdistanz (bis 1000 m) über eine höhere Schnelligkeit und Kraftausdauer verfügen als auf der Mittel- oder gar Langdistanz. Die Bedeutung von Schnelligkeit und Kraftausdauer sollten Sie aber auch auf den langen Strecken nicht unterschätzen.

Die Anforderungen eines Inline-Skating-Marathons unterscheiden sich in wesentlicher Hinsicht von denen eines Lauf-Marathons. Inline-Skater sind auf der Marathondistanz etwa doppelt so schnell wie Langstreckenläufer. Besondere Bedeutung hat das taktische Geschehen, das unmittelbaren Einfluß auf die Skating-Technik hat. Können Sie im Windschatten in relativ aufrechter und entspannter Haltung skaten, so müssen Sie vorne bzw. im Wind eine deutlich anstrengendere tiefe, aerodynamisch günstige Körperhaltung einnehmen. Ähnlich wie beim Straßenrennen der Radfahrer haben Sie sich ständig auf wechselnde Geschwindigkeiten einzustellen, weil Sie auf Zwischenspurts reagieren oder selbst die Initiative ergreifen müssen. Um aus der Gruppe nicht abzufallen, braucht man eine sehr spezifische Wettkampfausdauer mit guten anaeroben Fähigkeiten und einer ausgeprägten Schnelligkeit. Die Leistungsstruktur des Speed-Skatings ist sehr spezifisch und unterscheidet sich wesentlich von der anderer Ausdauersportarten.

In diesem Kapitel zeigen wir Ihnen, wie Sie mit Inline-Skating in Kombination mit anderen Trainingsmitteln Ihre Leistungsfähigkeit umfassend entwickeln können und so das ganze Jahr über fit und gesund bleiben. Wie die einzelnen Trainingsstunden konkret gestaltet werden, wird mit einer Vielzahl von Trainingsprogrammen verdeutlicht. Auch wenn Sie am liebsten nur skaten möchten, macht es Sinn, sich auch in anderen Bewegungsformen zu beanspruchen. Dies müssen Sie allein aufgrund der wechselnden klimatischen Bedingungen in unseren Breitengraden. Das Ausweichen auf eine Indoorbahn ist nur selten gegeben, so daß das Training der klassischen Ausdauersportarten das Speedtraining sinnvoll unterstützen muß.

Wie bereits erwähnt, setzt sich die Kondition aus mehreren Fähigkeiten zusammen. In einer Trainingseinheit sollte in der Regel nur eine Fähigkeit schwerpunktmäßig trainiert werden. Dadurch wird der Trainingsreiz zielgerichtet und wirkungsvoll. Erst

wenn über einen längeren Zeitraum (3–6 Wochen) spezifische Reize zur Ausprägung einer Fähigkeit auf den Organismus einwirken, kann sich das Niveau dieser Fähigkeit erhöhen. Ein einmaliger wöchentlicher Reiz, beispielsweise für die Basisausdauer, wird Ihr Ausdauervermögen kaum positiv beeinflussen. Erst wenn Sie mehrmals ein Ausdauertraining absolvieren, werden Sie den Erfolg verspüren. Bei der Entwicklung der Basisausdauer kann der Speed-Skater von den positiven Transferwirkungen des Trainings in anderen Ausdauersportarten profitieren. Anders ist dies bei der Ausprägung der besonderen Fähigkeiten, wie sie beispielsweise im Wettkampf benötigt werden. Hierzu müssen Sie sehr speziell mit Inline-Skates trainieren (vgl. Programme 1–9, S. 60–73).

Je intensiver das Training ist, desto bedeutsamer wird es, sich vorher ausreichend zu erwärmen. Grundsätzlich sollten Sie sich etwa 10 Minuten locker einskaten, die Muskulatur dehnen und einige Technik- und Koordinationsübungen durchführen. Dies gibt Ihnen die nötige Sicherheit und Stabilität für ein Speed-Training und beugt Verletzungen vor. Nach jedem Programm sollten Sie locker ausskaten und die stark beanspruchten Muskelgruppen nochmals dehnen. So können Sie die Regenerationsprozesse beschleunigen und wirken einseitigen Muskelverkürzungen entgegen.

Die Belastungsintensität und die Dauer der Trainingseinheiten sind von Programm zu Programm verschieden. Bei den Ausdauerprogrammen wird die Intensität prozentual von Ihrer maximalen Herzfrequenz abgeleitet und graphisch dargestellt. Die Herzfrequenz spiegelt unmittelbar den Grad der Beanspruchung wider. Benutzen Sie

daher im Training ein Herzfrequenz-Meßgerät. Bei den hochintensiven Intervallpro-
grammen orientieren Sie sich an der Geschwindigkeit oder an der benötigten Zeit für
eine Teilstrecke. Sie sollten auch bei hohen Geschwindigkeiten in der Lage sein, mit
einer guten Technik zu skaten, andererseits müssen Sie das Tempo jederzeit reduzieren können. Lassen Sie Ihren Laufstil regelmäßig von einem erfahrenen Trainer kontrollieren. Mit der Erholungsherzfrequenz können Sie die Pausendauer steuern. Beim
Intervalltraining beginnt die nächste intensive Belastung gewöhnlich erst, wenn eine
Herzfrequenz von unter 120 Schlägen pro Minute erreicht ist.

Die Trainingsprogramme sind mit speziellen Symbolen gekennzeichnet, die auf die
verschiedenen Trainingsbereiche hinweisen:

⊐ REKOM: lockeres Regenerations- bzw. Kompensationstraining

☐ GA 1 und GA 1/2 : extensives Grundlagenausdauertraining

◇ GA 2: intensives Grundlagenausdauertraining

○ WSA: hochintensives Wettkampftraining

⬠ KA 1: extensives Kraftausdauertraining
   KA 2: intensives Kraftausdauertraining

▽ Mischtraining: Trainingseinheit, in der mehrere Intensitätsbereiche
   angesprochen werden

☆ Leistungstests

1 REKOM-Training

Das REKOM-Training umfaßt REgenerations- und KOMpensationsmaßnahmen und dient der aktiven Wiederherstellung der Leistungsfähigkeit. Es ist Bestandteil des ganzjährigen Trainings und wird gezielt in das Wochentraining integriert. Die Belastungsintensität ist grundsätzlich sehr gering. Sie sollen sich mit dieser Trainingsform aktiv erholen. So schaffen Sie beispielsweise Voraussetzungen für ein intensives Speedtraining an einem folgenden Tag. Skaten Sie am besten auf einem flachen Kurs, und halten Sie das Tempo niedrig, so daß die Herzfrequenz nicht über 70 % Ihrer maximalen Herzfrequenz (Hf_{max}) ansteigt. Damit das Training in jedem Fall regenerative Wirkung hat, sollte die Dauer der Belastung 45 Minuten nicht überschreiten.

Als Ausgleich zum Inline-Skating sind auch andere Aktivitäten wie beispielsweise Radfahren, Laufen, Schwimmen oder Aqua-Jogging besonders geeignet. In den letzten Tagen vor einem Wettkampf sollten Sie während des REKOM-Skatings einige Übungen zur Technik sowie Antritte und Kurzsprints durchführen.

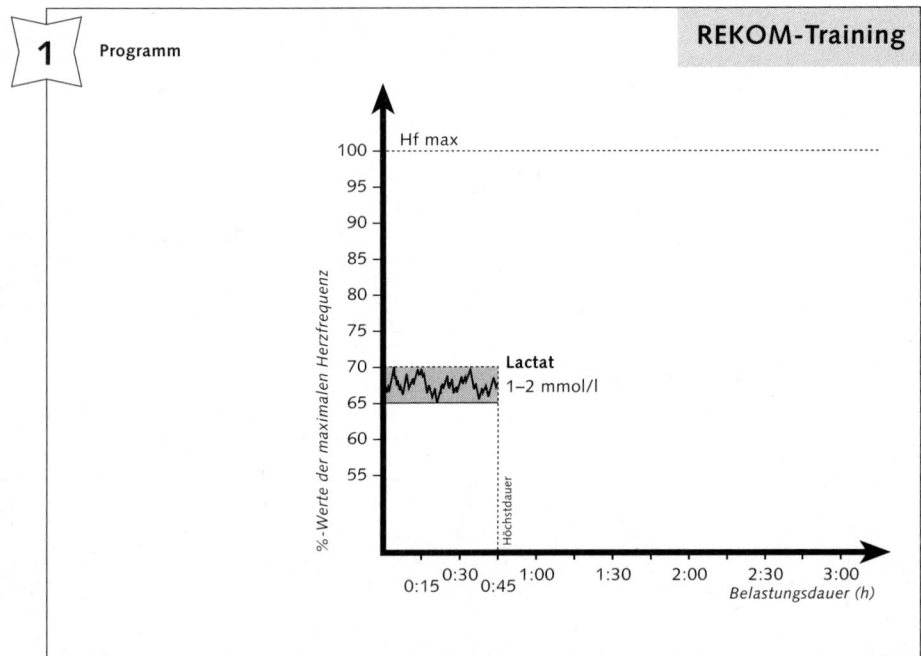

2 Extensives Speed-Skating (GA 1 – GA 1/2)

Am effektivsten wird die Basis- bzw. Grundlagenausdauer nach der Dauermethode bei geringer bis mittlerer Intensität und einer relativ langen Belastungsdauer entwickelt. Die Belastungsintensität können Sie über die Herzfrequenz kontrollieren. Sie sollte beim Inline-Skating im Bereich von 70–80 % der Hf_{max} bei langen und 75–85 % bei kürzeren Trainingseinheiten liegen. Wer Aufschluß über die aktuelle Stoffwechselaktivität haben möchte, kann zusätzlich den Lactatwert während des Basisausdauertrainings bestimmen. Sie sind im richtigen Bereich, wenn die Lactatwerte nicht über 3 mmol/l bei den kürzeren und über 2,5 mmol/l bei den längeren Einheiten ansteigen. Je länger Sie in diesem Bereich skaten, desto mehr Fett können Sie verbrennen.

Für ein effektives Fettstoffwechseltraining sind Dauerbelastungen von mehreren Stunden erforderlich. Für Inline-Skater ist dies schwer zu realisieren. Einerseits sind so lange Trainingsstrecken selten gegeben, andererseits sind in tiefer Position die muskulären Beanspruchungen auf das Stütz- und Bewegungssystem bei der erforderlichen reizwirksamen Geschwindigkeit (> 55 % der maximalen Sauerstoffaufnahme) und Belastungsdauer sehr hoch. Daher sollten ambitionierte Skater das Grundlagenausdauertraining primär im Radfahren und Laufen durchführen. Fitneß-Skater können dagegen sehr wohl ihre Ausdauer auf Skates verbessern. Es ist sogar für Nicht-Ausdauertrainierte besonders geeignet, weil das Bewegungssystem in aufrechter Position weniger stark beansprucht wird als z. B. beim Laufen. Außerdem sind mit Inline-Skates nach einer kurzen Gewöhnungsphase relativ lange Belastungszeiten realisierbar.

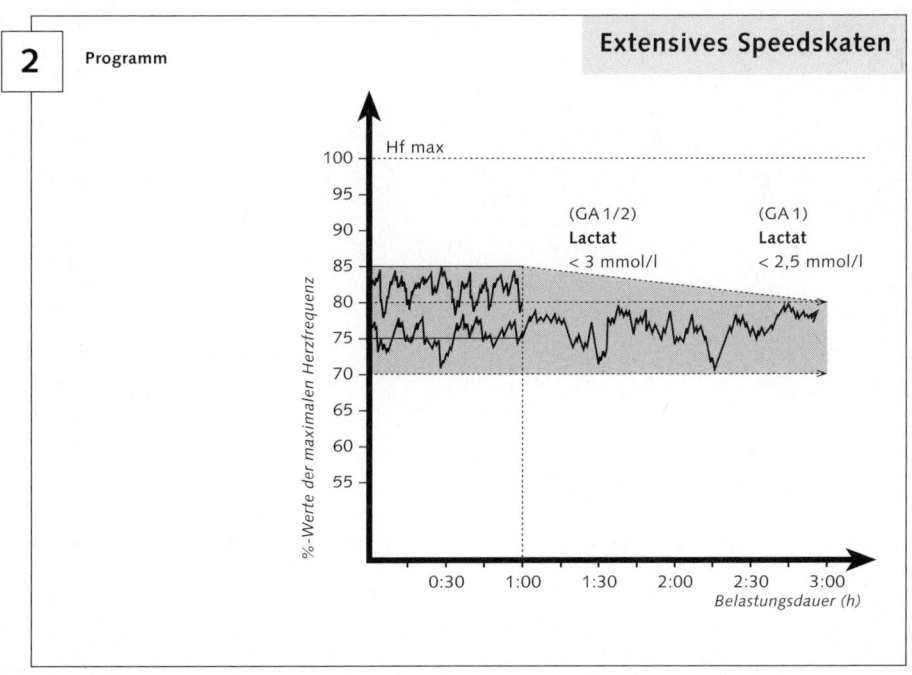

2 Programm   **Extensives Speedskaten**

Hf max — 100

(GA 1/2) Lactat < 3 mmol/l

(GA 1) Lactat < 2,5 mmol/l

%-Werte der maximalen Herzfrequenz

Belastungsdauer (h)

3 Intensives Speed-Skating (GA 2)

Intensives Speed-Skating entwickelt die Grundlagenausdauer auf einem höheren Niveau, gewöhnt die Muskulatur an ein schnelleres Skatingtempo und an eine stärkere Rumpfvorlage im Vergleich zum Basisausdauertraining. Wie lange Sie in höherer Geschwindigkeit und aerodynamischer Haltung skaten können, hängt u. a. von Ihrer Skating-Technik, Ihrer Basisausdauerfähigkeit und der Kraft Ihrer Bein- und Rückenmuskulatur ab. In Abhängigkeit von der Länge der Strecke, den Windverhältnissen und dem Straßenbelag können Sie eine durchschnittliche Geschwindigkeit von 20–30 km/h erreichen. Die Herzfrequenz kann auf kürzeren Strecken bis auf 90% und bei längeren Strecken bis auf 85% der Hf_{max} ansteigen. Bei gelegentlichen Lactatkontrollen sollten bei den kürzeren Belastungen Werte von 7 mmol/l und bei den längeren Belastungen von 5 mmol/l nicht überschritten werden. Das lange, intensive Speed-Skating hat besondere Bedeutung zur Vorbereitung auf ein Inline-Skating-Marathon- oder ein -Langdistanz-Rennen.

3 a Tempowechselmethode

- Warm-up 15 min, Stretching
- Technikübungen
- 3- bis 10mal 1000–5000 m intensives Speed-Skating, dazwischen die Hälfte der Belastungsdauer entspanntes Skaten als aktive Pause
- Cool-down 15 min, Stretching

3 b Tempodauermethode

- Warm-up 15 min, Stretching
- Technikübungen
- 5–20 km intensives Speed-Skating ohne Pause
- Cool-down 15 min, Stretching

◇ **3** ⟩ Programm

◇ **3 a** ⟩ 3 – 10 x 1000 – 5000 m
dazwischen
1/2 Belastungszeit
aktive Pause

◇ **3 b** ⟩ 5 – 20 km
ohne Pause

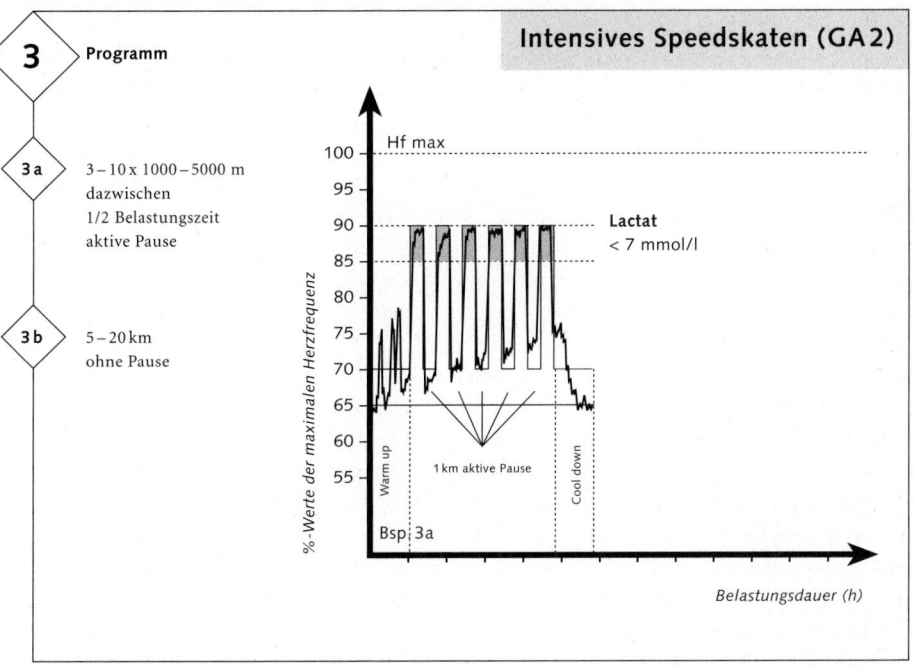

Intensives Speedskaten (GA 2)

Hf max

Lactat
< 7 mmol/l

% - Werte der maximalen Herzfrequenz

100
95
90
85
80
75
70
65
60
55

Warm up

1 km aktive Pause

Cool down

Bsp 3a

Belastungsdauer (h)

4 High Speed-Skating (WSA)

Hohe Anforderungen an das technische Niveau stellt das Highspeed-Skating in Renngeschwindigkeit über unterschiedliche Streckenlängen. Dies erfordert eine äußerst aerodynamische Haltung und einen impulsiven Beinabdruck. Der Kalorienverbrauch pro Minute ist sehr hoch, der relative Anteil der Fettverbrennung nimmt jedoch ab. Das Highspeed-Training wird meist nach der Intervall- oder Wiederholungsmethode durchgeführt. Es werden kürzere Strecken mit annähernd maximaler Geschwindigkeit geskatet. Hierbei kann die Herzfrequenz bis auf Maximalwerte ansteigen. Welchen Lactatwert Sie erreichen, ist stark abhängig von der spezifischen Leistungsfähigkeit Ihrer Muskulatur. Bei guttrainierten Skatern werden auf den Sprintstrecken Lactatwerte über 15 mmol/l gemessen.

Gewöhnen Sie Ihre Muskulatur langsam an die intensiven Belastungen. Zu Beginn sollten diese Programme nicht zu lang sein. Es ist günstiger, am Anfang häufiger ein Speedtraining mit kurzen Intervallstrecken von 100–300 m und langen Pausen durchzuführen, als zu lange Strecken mit zu kurzen Pausen zu wählen. Nur wenn Sie sich ausgeruht fühlen und die Muskulatur nicht stark ermüdet ist, werden Sie das Training mit guter Technik absolvieren können und die Muskulatur nicht überfordern. Ein starker Muskelkater am Tag nach dem Training zeigt an, daß Sie für das absolvierte Programm noch nicht fit genug waren. Die Beanspruchungen beim Inline-Skating sind zwar dynamisch und gelenkschonend, doch verlangt der Speed-Skating-Schritt eine hohe Haltekraft der Rücken- und Oberschenkelmuskulatur. Von daher ist ein spezielles Kräftigungstraining für die Rückenmuskulatur angezeigt (s. S. 127 ff.).

4 a Intervallmethode

- Warm-up 20 min, Stretching
- Technikübungen
- 8- bis 12mal 200–400 m intensive Speedläufe,
  dazwischen 200–400 m locker skaten
  (Erholungsherzfrequenz unter 120 Schlägen/min)
- Cool-down, Stretching

4 b Wiederholungsmethode

- Warm-up 20 min, Stretching
- Technikübungen
- 8- bis 15mal 100–200 m intensive Speedläufe,
  dazwischen 3–4 min Pause (Erholungsherzfrequenz unter 120 Schlägen/min)
- Cool-down, Stretching

4 c Wettkampfmethode

- Warm-up 20 min, Stretching
- Technikübungen
- 3–15 km intensiver Speedlauf in Renntempo
- Cool-down, Stretching

4 Programm

Highspeed-Skaten (WSA)

4 a 8 – 12 x 200 – 400 m,
200 m locker

4 b 8 – 15 x 100 – 200 m,
2 – 3 min Pause

4 c 3 – 15 km auf Zeit

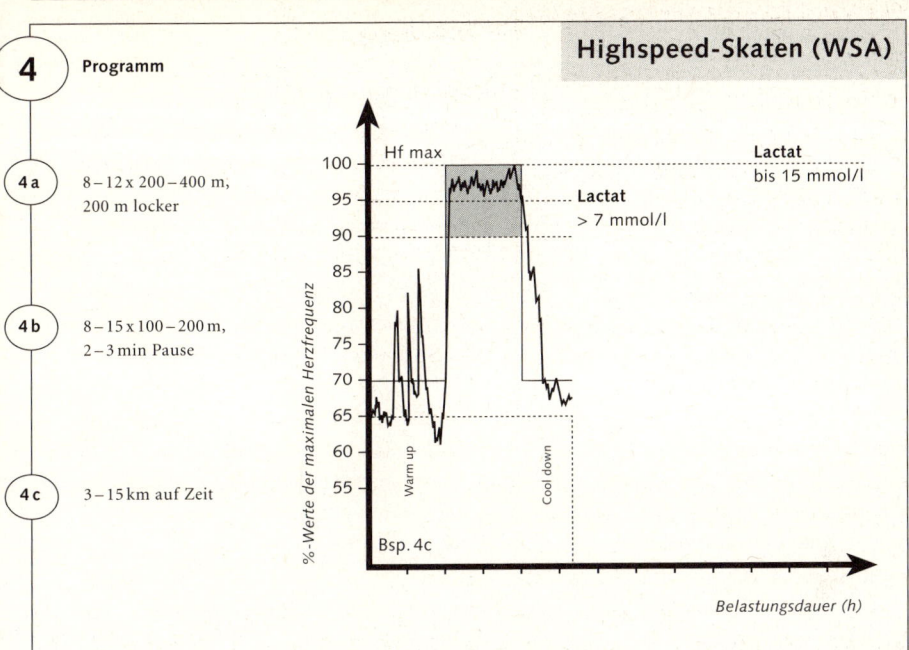

5 Speed-Skating nach der Fahrtspielmethode (GA 1 – WSA)

Das Fahrtspiel ist eine Tempowechselmethode, bei der der Skater nach subjektivem Befinden oder in Abhängigkeit vom Streckenprofil selbst entscheidet, welche Abschnitte schneller und welche Abschnitte langsamer gelaufen werden. Es ist sozusagen ein «Spiel mit der Geschwindigkeit». Für den Inline-Skater ist diese Methode hervorragend geeignet, um geländeangepaßtes Skating sowie wechselnde Schrittlängen und -frequenzen zu üben und ein Gefühl für die Geschwindigkeit zu entwickeln. Ein natürliches Fahrtspiel entsteht meist beim Skating in der Gruppe. Hier muß man ständig in Aktion sein, herein- und herausfahren, den Windschatten nutzen oder auf die Aktionen seiner Mitläufer reagieren. Das Skating in der Gruppe verleitet allerdings leicht dazu, viele intensive Teilstrecken zu dicht aufeinander folgen zu lassen. Legen Sie also zwischen die Speedläufe bewußt lockere Abschnitte. Die häufigen Belastungswechsel stellen hohe Anforderungen an Muskulatur, Herz-Kreislauf-System und Energiestoffwechsel. Skaten Sie sich zu Beginn des Fahrtspiels mindestens 15 Minuten ein. Kontrollieren Sie während der gesamten Trainingseinheit die Intensität mittels Herzfrequenz-Meßgerät, und stellen Sie gegebenenfalls eine obere Grenze ein. Diese könnte beispielsweise bei 90 % Ihrer Hf_{max} liegen. So werden Sie stets erinnert, wenn Sie sich im «roten» Bereich befinden.

Professionell trainierende Skater analysieren nach der Trainingseinheit den Verlauf der Herzfrequenz, berechnen den Durchschnittswert und die Zeit, die sie in den einzelnen Bereichen, z. B. im «roten» Bereich, gelaufen sind. Beim Speed-Training nach der Fahrtspielmethode sollten Sie maximal 20 % der gesamten Trainingseinheit im WSA-Bereich und maximal 30 % im GA 2-Bereich trainieren. Mindestens 50 % der Trainingszeit skaten Sie im aeroben bzw. regenerativen Bereich.

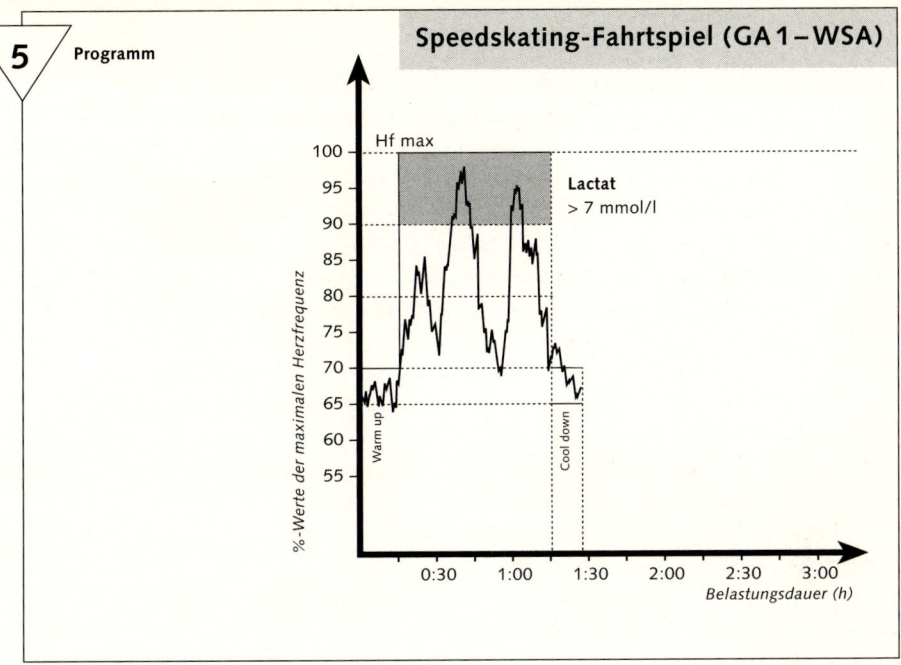

6 Sprinttraining (WSA)

Das Sprinttraining ist für ambitionierte Skater von großer Bedeutung. Diese Trainingsform unterstützt die Ausprägung einer effektiven Technik bei hohem Tempo und bildet eine impulsstarke Abdruckphase bei hoher Bewegungsschnelligkeit aus. Sprinttraining wird auf Geraden und in Kurven gleichermaßen durchgeführt. Sollten Sie keinen Zugang zu einer Skatingbahn haben, so suchen Sie sich einen großen Parkplatz mit glattem Asphalt.

Vor den Sprints müssen Sie sich sehr gut aufwärmen, um Muskelverletzungen zu vermeiden und um eine entsprechende muskuläre Spannungsbereitschaft zu haben, da Sprints eine hohe Bewegungsfrequenz von Armen und Beinen und eine gute Ganzkörperkoordination voraussetzen. Sprints können aus dem Stand als «Antritte» oder aus der Bewegung als «fliegende Sprints» durchgeführt werden. Beide Formen kommen im Wettkampf zum Beispiel nach dem Start, beim Zwischen- oder Endspurt vor.

6 a Antritte und Starts

- Warm-up 20 min, Stretching
- Technikübungen
- 6–16 Antritte/Starts in 2–4 Serien über 30–50 m,
  beschleunigen Sie aus dem Stand mit maximalem Kraftimpuls, bis Sie Ihre Höchstgeschwindigkeit erreicht haben,
  die Pause dauert etwa 2–3 min, die Serienpause etwa 5 min
- Cool-down, Stretching

Ausfallschritt an der Ziellinie

6 b Fliegende Sprints

- Warm-up 20 min, Stretching
- Technikübungen
- 6–16 fliegende Sprints in 2–4 Serien

  Skaten Sie in der Ebene mit geringer oder mittlerer Geschwindigkeit, und sprinten Sie ab einer vorher festgelegten Markierung; nachdem Sie die individuelle maximale Geschwindigkeit erreicht haben, sollten Sie versuchen, das Tempo über 30–50 m zu halten; beenden Sie die Sprints mit einem weiten Ausfallschritt (s. Foto), der im Wettkampf über den Sieg entscheiden könnte.

  Trainieren Sie die fliegenden Sprints auch in Kurven und in der Gruppe.

  Die aktiven Pausen zwischen den Sprints betragen etwa 2–3 min

- Cool-down, Stretching

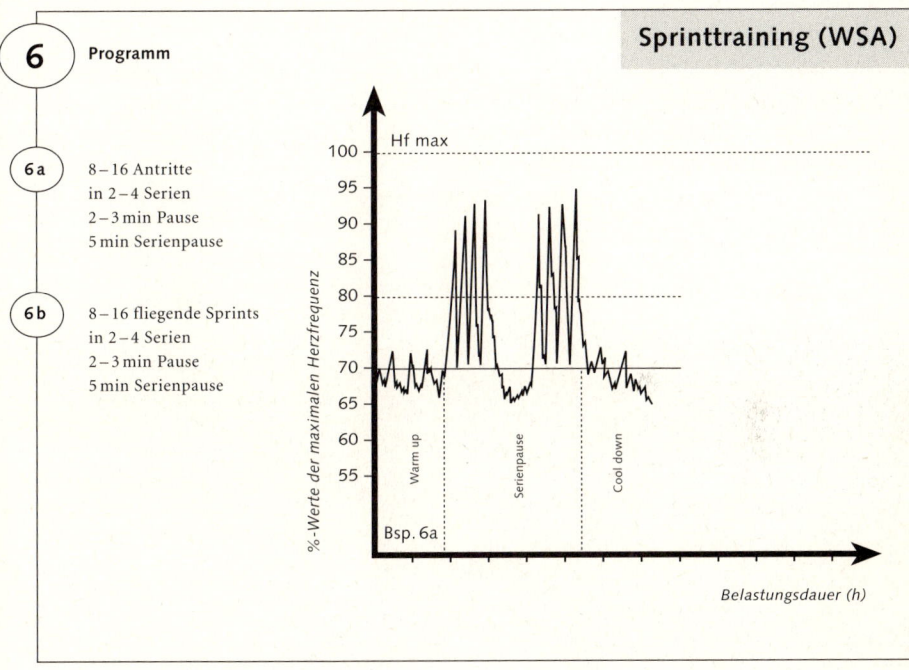

6 Programm

Sprinttraining (WSA)

6 a 8–16 Antritte
in 2–4 Serien
2–3 min Pause
5 min Serienpause

6 b 8–16 fliegende Sprints
in 2–4 Serien
2–3 min Pause
5 min Serienpause

Hf max

100
95
90
85
80
75
70
65
60
55

%-Werte der maximalen Herzfrequenz

Warm up

Serienpause

Cool down

Bsp. 6a

Belastungsdauer (h)

7 Extensives Power-Skating (KA 1)

Inline-Skating setzt einen wirksamen Reiz auf die Beinkraftausdauer. Die Reizwirksamkeit können Sie durch eine tiefe Körperposition, durch bewußt lange Gleitschritte oder durch die Wahl des Geländes erhöhen. Für die Entwicklung der aeroben Kraftausdauer ist eine mittlere Intensität zu wählen. Dies entspricht einer Herzfrequenz von etwa 80 % der Hf_{max} bzw. einer Lactatkonzentration von etwa 3 mmol/l. Es bieten sich unterschiedliche Programme an. Skiläufer können mit Inline-Skates und Langlaufstöcken ein spezifisches Sommertraining durchführen und zusätzlich die Arm- und Rumpfkraft trainieren.

7 a Lange Gleitphasen auf einem Skate mit starker Oberkörpervorlage

Wählen Sie hierzu eine mittlere Geschwindigkeit, eine leicht ansteigende Strecke oder eine Bahn, die einen hohen Rollwiderstand bietet (Tartanbahn). Der Umfang pro Trainingseinheit kann bis zu 20 km betragen.

7 b Skating bergauf

Wählen Sie eine etwa 300–500 m lange Strecke mit einem mittleren Anstieg. Skaten Sie die Strecke 4- bis 12mal hinauf. Die Abfahrt können Sie in aufgerichteter Körperhaltung zur Erholung nutzen oder verschiedene Kurven- und Abfahrttechniken üben. Den Krafteinsatz während des Bergaufskatings können Sie erhöhen, indem Sie einen Babyjogger oder Partner schieben oder eine Gewichtsweste tragen.

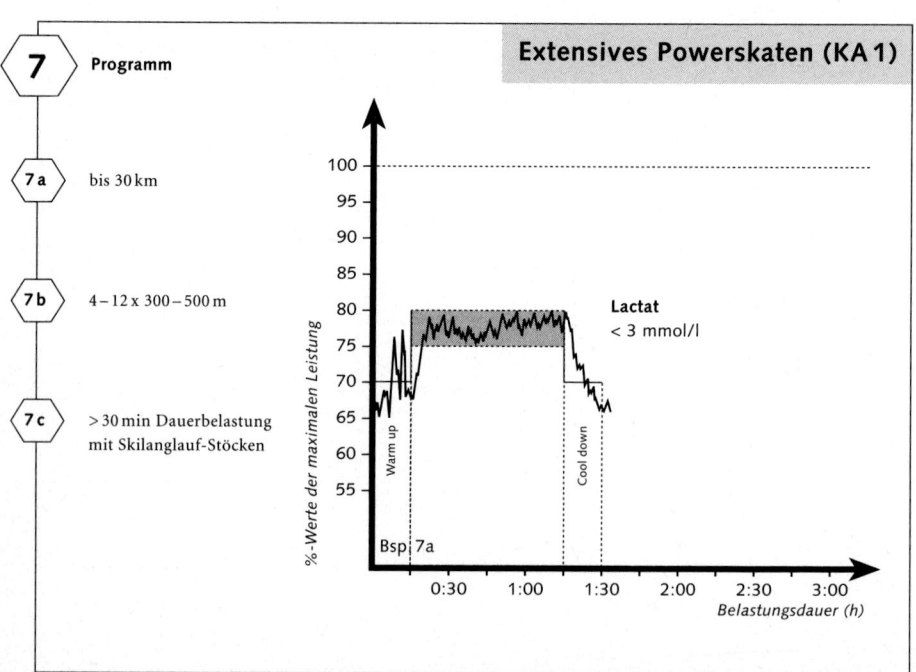

8 Intensives Power-Skating (KA 2)

Das intensive Power-Skating wird mit hoher bis sehr hoher Intensität durchgeführt. Die Herzfrequenz kann annähernd maximale Werte erreichen. Im Vergleich zum extensiven Power-Skating ist der Belastungsumfang niedriger, die Intensität höher und die Pausen zwischen den Intervallen oder Wiederholungen länger. Sie entwickeln mit diesem Training eine maximale Beinkraftausdauer, wie sie beispielsweise zur schnellen Beschleunigung, für Zwischenspurts und Antritte benötigt wird.

Skaten Sie 4- bis 12mal einen etwa 50–100 m langen steilen Berg mit hohem Krafteinsatz hinauf. Die Abfahrt dient der Regeneration. Beginnen Sie mit der nächsten Belastung erst, wenn Sie gut erholt sind. Mit Skistöcken können Sie zur Entwicklung der Schnellkraftausdauer die gesprungene Variante des asymmetrischen Skating-Schrittes der Skilangläufer anwenden. Die Intensität kann durch Zusatzgewichte (Gewichtsweste), Rollwiderstandserhöhung oder durch unterschiedlich steiles Gelände variiert werden.

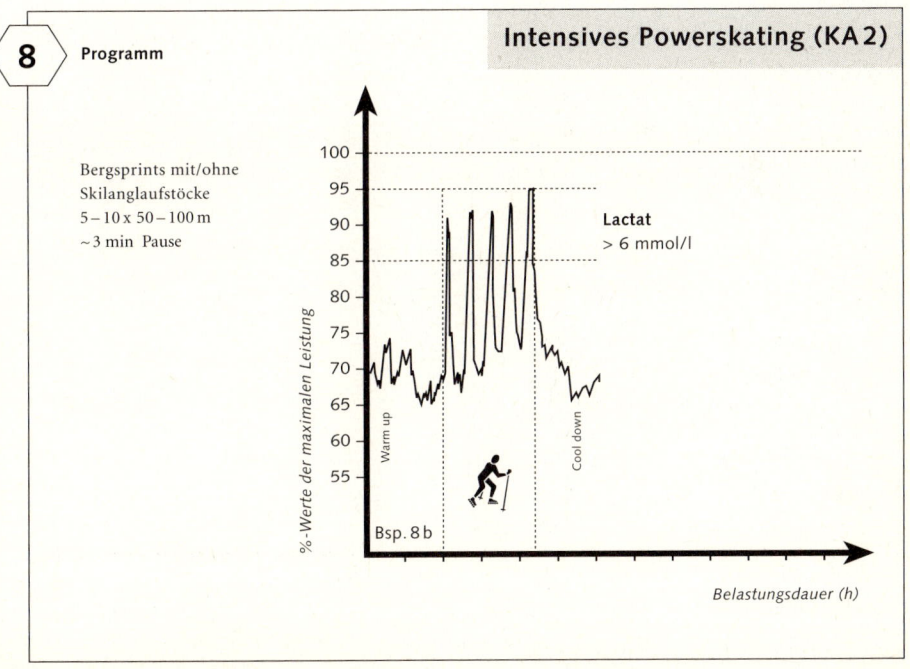

8 | Programm

Intensives Powerskating (KA 2)

Bergsprints mit/ohne
Skilanglaufstöcke
5 – 10 x 50 – 100 m
~ 3 min Pause

Lactat
> 6 mmol/l

%-Werte der maximalen Leistung

Warm up

Cool down

Bsp. 8 b

Belastungsdauer (h)

9 Test zur Bestimmung der maximalen Herzfrequenz

Mit diesem Programm bestimmen Sie Ihre maximale Herzfrequenz beim Skating.

Wärmen Sie sich etwa 20 Minuten lang mit Technikübungen, kurzen Antritten und Sprints auf. Dann skaten Sie mit maximaler Geschwindigkeit etwa 1000–2000 m auf einer Bahn oder einer flachen bis leicht ansteigenden Strecke und beenden den Lauf mit einem Spurt. Der höchste Wert, den Sie auf Ihrem Herzfrequenz-Meßgerät ablesen, entspricht Ihrer aktuellen maximalen Herzfrequenz (Hf_{max}) im Speed-Skating.

Der Wert kann sich von Ihrer maximalen Herzfrequenz in anderen Ausdauersportarten unterscheiden. Die Erklärung hierfür ist einfach. Um eine hohe Herzfrequenz zu erreichen, müssen Sie möglichst viel Muskelmasse einsetzen. Ein untrainierter Sportler kann seine Muskulatur aufgrund unzureichender konditioneller Fähigkeiten und technischer Fertigkeiten nicht maximal beanspruchen. Die höchste Herzfrequenz wird meistens in der Sportart erreicht, in der Sie ausdauertrainiert sind und in der Sie die Technik beherrschen. Analysen haben gezeigt, daß ein Schwimmer seine höchste Herzfrequenz im Schwimmen und nicht im Laufen oder Radfahren, ein Läufer im Laufen und ein Radfahrer im Radfahren erreicht. Bei Triathleten, die in allen drei Disziplinen sehr gut trainiert sind, sind die Unterschiede der Hf_{max} zwischen den Sportarten sehr gering. **Den Hf_{max}-Test sollten Sie also erst anwenden, wenn Sie mit hoher Geschwindigkeit sicher skaten können.** Nur dann können Sie von der erreichten maximalen Herzfrequenz Ableitungen für die Intensitätssteuerung des Trainings vornehmen.

In den Trainingsphasen, in denen Sie weniger skaten, möglicherweise aber häufiger eine andere Sportart trainieren, empfehlen wir, einen Hf_{max}-Test in dieser Sportart durchzuführen. Das Vorgehen ist prinzipiell gleich. Sie sollten eine intensive Belastung mit einem Spurt beenden. Wenden Sie den Test zur Bestimmung der Hf_{max} etwa alle 3–6 Wochen im Training an. Der Hf_{max}-Wert steht in Beziehung zu Ihrer aktuellen Leistungsbereitschaft und -fähigkeit. Führen Sie den Test nur durch, wenn Sie gesund sind und wenn aus ärztlicher Sicht keine Einwände gegen einen Ausbelastungstest bestehen.

Testergebnis und Berechnung der Herzfrequenz			
Test/Datum	Beispiel	1. /	2. /
Hfmax-Wert (Schläge / min)	190		
REKOM (< 65 %)	< 124		
GA 1 (65–75 %)	124–143		
GA 1 / 2 (75–85 %)	143–162		
GA 2 (85–90 %)	162–171		
WSA (> 90 %)	> 171		
KA 1 (70–80 %)	133–152		
KA 2 (85–95 %)	162–181		

9 Programm

Test zur Bestimmung der maximalen Herzfrequenz (WSA)

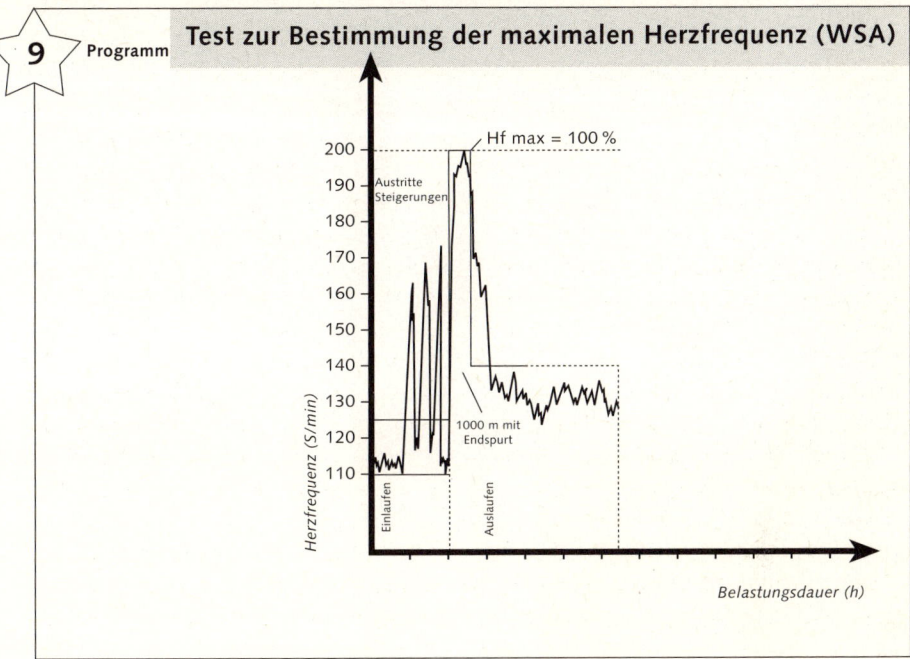

10 Run & Bike (REKOM – GA 2)

Beim Run & Bike wechseln Sie sich mit einem Partner beliebig oft mit dem Laufen und dem Radfahren, am besten auf dem Mountainbike, ab. Für die Länge der Teilstrecken gibt es keine Vorgaben. Die Gesamtbelastungsdauer kann bis zu 3 Stunden betragen. Die Belastungsintensität ist vom Streckenprofil abhängig und kann beim Laufen im GA-2-Bereich ($80-90\%$ der Hf_{max}) liegen. Das Radfahren hat in der Regel regenerativen Charakter. Run & Bike ist hervorragend geeignet, wenn Sportler mit unterschiedlichem Leistungsniveau gemeinsam trainieren wollen. Die wechselnden Belastungen zwischen Radfahren und Laufen ermöglichen lange Trainingseinheiten, ohne den Bewegungsapparat zu stark zu beanspruchen. Sie sollten bei kälteren Temperaturen beachten, daß Sie nach dem Laufen auf dem Rad leicht auskühlen. Nehmen Sie deshalb unbedingt eine gemeinsame wärmende Jacke zum Überziehen mit.

10 Programm

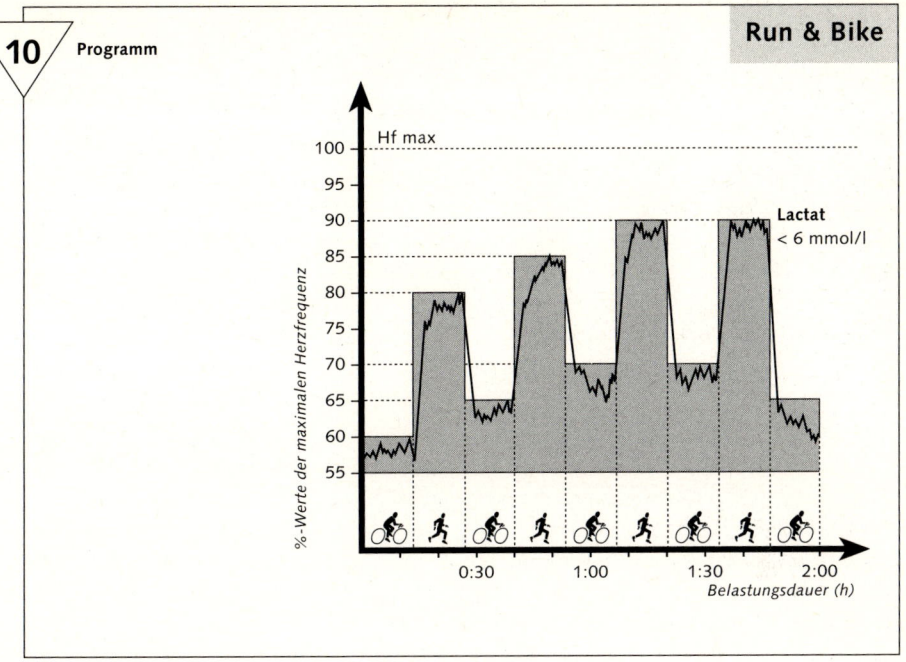

11 Extensives Rad- oder Mountainbiketraining (GA 1)

Mit extensiven Radfahrten können Sie die Grundlagen- und Kraftausdauer wirkungsvoll trainieren und eine Basis für das spezielle Training mit den Inline-Skates legen. Die Belastungsintensität sollten Sie über die Herzfrequenz kontrollieren: 65–75% der Hf_{max} sind ein reizwirksamer Trainingsbereich für das Grundlagentraining. Werden die Intensitätsgrenzen im Training nicht überschritten, so können Sie eine Überbeanspruchung vermeiden. Trainieren Sie nach der Dauermethode bis zu 3 Stunden, so sollte die Lactatkonzentration bei gelegentlichen Kontrollen 2,5 mmol/l nicht übersteigen. Soll das Training den Fettstoffwechsel stark beanspruchen, so müssen Sie mit niedrigerer Intensität länger trainieren. Die Dauer der Belastung sollte mindestens 3 Stunden betragen. Die langen Einheiten fahren Sie am besten auf der Straße bei einer Belastungsintensität im Bereich von 60–65% der Hf_{max} bzw. bei einer Lactatkonzentration unter 2,0 mmol/l.

Regelmäßiges Fettstoffwechsel-Training steigert die Aktivität bestimmter Muskelenzyme, die an der Fettverbrennung beteiligt sind, und führt zu einer Zunahme und Vergrößerung der Mitochondrien (Kraftwerke für die Fettsäureverbrennung). Dadurch kann der auf Fettverbrennung trainierte Inline-Skater auch bei höherer Intensität anteilig mehr freie Fettsäuren verbrennen als der Untrainierte und somit Muskelglykogen einsparen.

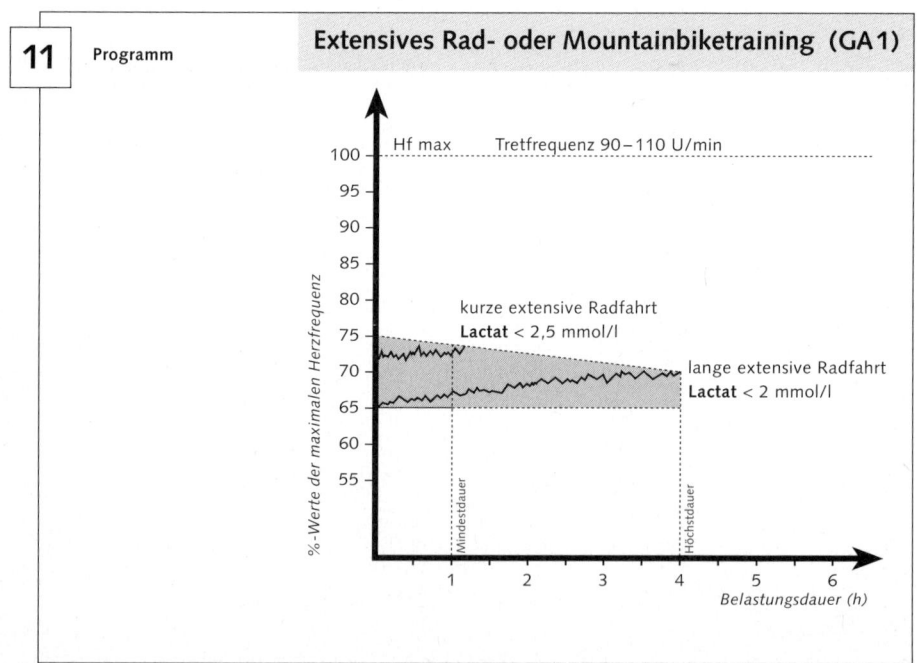

11 | Programm

Extensives Rad- oder Mountainbiketraining (GA 1)

12 Rad- oder Mountainbike-Fahrtspiel (GA 1 – GA 2)

Das intensive Fahrtspiel ist eine sehr beliebte Methode im Radsport. Das «Spielen mit dem Tempo» verleitet jedoch leicht dazu, vor allem beim Fahren in der Gruppe die gesetzte Belastungsgrenze (90 % der Hf_{max}, Lactatkonzentration unter 6 mmol/l) zu überschreiten und über längere Zeit am oberen Limit zu fahren. Fahren Sie sich zu Beginn des Fahrtspiels auf jeden Fall etwa 20 Minuten ein.

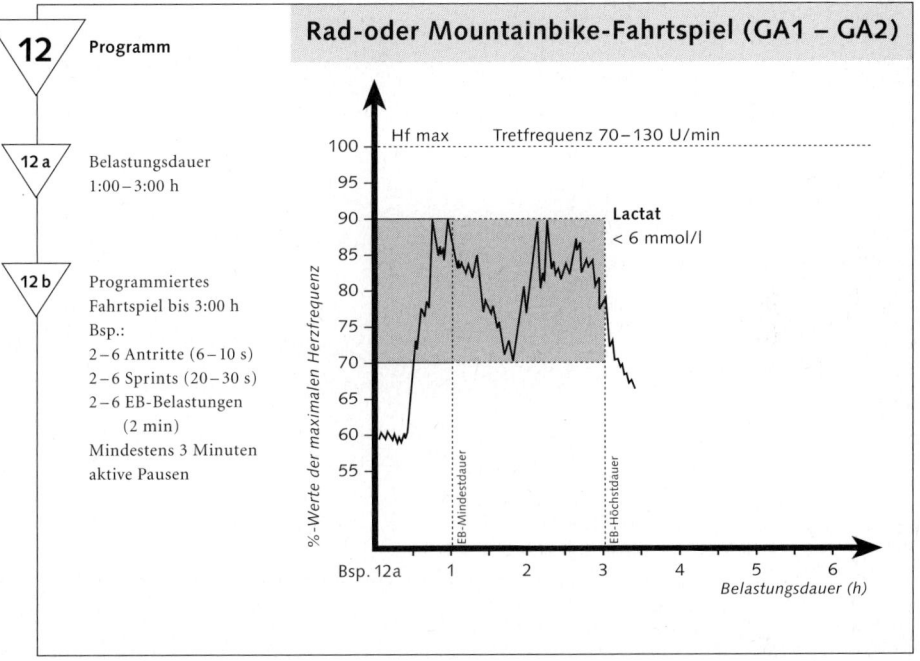

12 Programm

Rad-oder Mountainbike-Fahrtspiel (GA1 – GA2)

12 a Belastungsdauer
1:00 – 3:00 h

12 b Programmiertes
Fahrtspiel bis 3:00 h
Bsp.:
2 – 6 Antritte (6 – 10 s)
2 – 6 Sprints (20 – 30 s)
2 – 6 EB-Belastungen
　　(2 min)
Mindestens 3 Minuten
aktive Pausen

Hf max   Tretfrequenz 70 – 130 U/min

Lactat
< 6 mmol/l

% -Werte der maximalen Herzfrequenz

EB-Mindestdauer

EB-Höchstdauer

Bsp. 12a   1   2   3   4   5   6

Belastungsdauer (h)

13 Extensiver Dauerlauf (GA 1)

Laufen entwickelt ebenfalls effektiv die Grundlagenausdauer. Die Belastungsintensität wird über die Herzfrequenz kontrolliert und sollte bei einem extensiven Dauerlauf bis 90 Minuten im Bereich von etwa 70–80 % der Hf_{max} liegen. Bei gelegentlichen Lactatkontrollen sollte die Konzentration von 2,5 mmol/l nicht überschritten werden. Ein Fettstoffwechsel-Lauf, länger als 90 Minuten, wird dagegen im Bereich von 65–70 % der Hf_{max} absolviert. Die Lactatkonzentration bleibt unter 2 mmol/l.

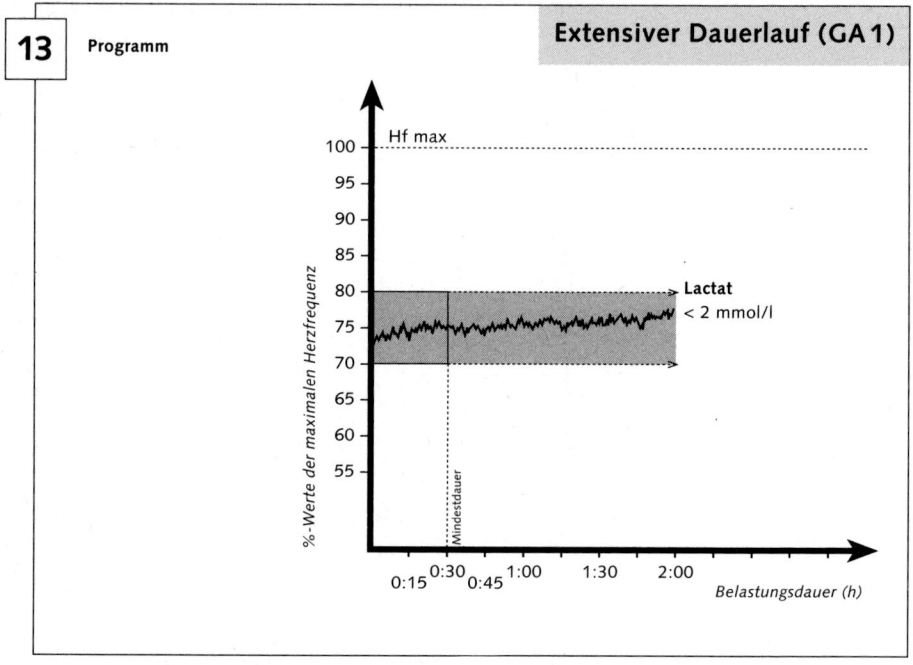

13 Programm | **Extensiver Dauerlauf (GA 1)**

14 Intensiver Dauerlauf und Fahrtspiel (GA 1 – GA 2)

In den Vorbereitungsperioden sind intensivere Läufe geeignet, um die Muskulatur und den Stoffwechsel an hohe Beanspruchungen zu gewöhnen. Die Herzfrequenz kann beim intensiven Dauerlauf bis auf 85 % der Hf_{max} ansteigen. Gestalten Sie das Lauftraining als Fahrtspiel, so kann die Belastungsintensität kurzzeitig darüber liegen. Es ist wichtig, sich zwischen den Intensitätsspitzen hinreichend zu erholen, um das gebildete Lactat wieder abbauen zu können. Das Fahrtspiel stellt hohe Anforderungen an die Regulation des Energiestoffwechsels und des Herz-Kreislauf-Systems und entwickelt die Grundlagenausdauer. Die Belastungsdauer sollte nicht länger als 90 Minuten betragen.

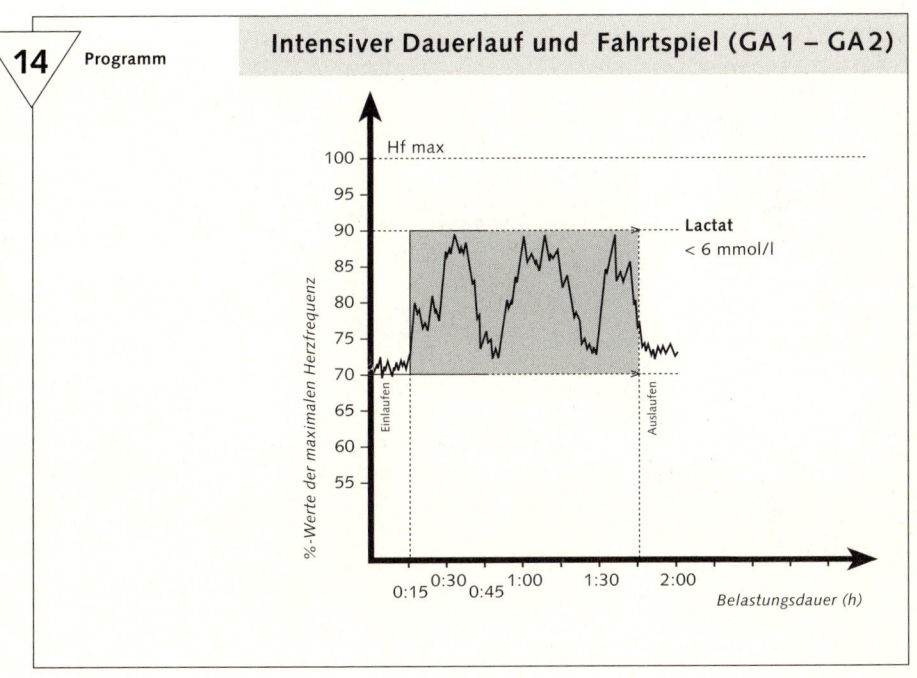

14 Programm

Intensiver Dauerlauf und Fahrtspiel (GA 1 – GA 2)

Hf max

Lactat
< 6 mmol/l

Einlaufen

Auslaufen

%-Werte der maximalen Herzfrequenz

100
95
90
85
80
75
70
65
60
55

0:15 0:30 0:45 1:00 1:30 2:00

Belastungsdauer (h)

15 Aqua-Jogging

Aqua-Jogging bei langsamer und entspannter Bewegungsausführung über 20–30 Minuten ist ein gelenkschonendes Regenerations- und Kompensationstraining. Zum Aqua-Jogging eignen sich sowohl Flachwasser als auch Tiefwasser (mit Auftriebshilfen ohne Bodenkontakt). Alle beim Skaten beanspruchten Muskeln werden durch die zyklischen Bewegungen gelockert und zugleich gekräftigt. Je nach Zielsetzung können Sie daraus eine durchaus stark beanspruchende Trainingseinheit machen. Höhere Bewegungsfrequenzen führen aufgrund des hohen Wasserwiderstandes zu starken Beanspruchungen auf das Herz-Kreislauf-System und die Muskulatur.

DIE TRAININGSPLANUNG

Das Training für den Fitneß-Skater

Hier möchten wir Ihnen zeigen, wie Sie sich fit halten können, Ihre Ausdauer erhöhen, Ihre Muskeln kräftigen und schließlich Ihre Gesundheit verbessern. Es gibt unzählige Möglichkeiten zum Inline-Skaten – eine Sporthalle oder ein bestimmter Trainingsort ist nicht erforderlich. Sie können die Inline-Skates als Nahverkehrsmittel benutzen, um zur Arbeitsstelle, zur Schule oder zu Freunden zu kommen, Sie können mit den Skates spielen, tanzen oder für einen Wettkampf zielstrebig trainieren. Viel Spaß werden Sie beim Skaten in der Gruppe haben: Sie können Hand in Hand laufen, sich gegenseitig schieben oder bergab eine Schlange bilden und in aerodynamischer Haltung Höchstgeschwindigkeiten erzielen. Sie müssen einfach kreativ werden: skaten Sie mit dem Babyjogger oder mit einem normalen Kinderwagen. Skaten Sie mit einem Windsegel, oder lassen Sie sich auf Skates von einem Biker oder Ihrem Hund ziehen – nichts ist unmöglich!

Für eine allgemein gute Fitneß sollten Sie nicht nur skaten, sondern auch in anderen Ausdauersportarten aktiv sein. So vermeiden Sie einseitige Beanspruchungen an Muskeln, Sehnen, Bändern und Gelenken. Es wäre schade, wenn Sie mit dem Inline-Skating aufhören müßten, weil z. B. starke Beschwerden in der Rückenmuskulatur auftreten. Sie bleiben nur fit, wenn Sie das ganze Jahr über sportlich aktiv sind. Fitneß kann man nicht speichern und bei Bedarf abrufen wie einen am Computer geschriebenen Text. Ihre Muskeln müssen täglich beansprucht werden, um Sie in Ihrer Form und Ihrem Leistungsvermögen zu erhalten. Möglicherweise haben Sie selbst schon die

Erfahrung gemacht, wie stark die Muskelmasse nach einer Verletzung oder bei absoluter Inaktivität abnimmt.

Mit Inline-Skates können Sie alle großen Muskelgruppen trainieren und ein gutes Ausdauervermögen erwerben. Selbst völlig Untrainierte sind nach einer kurzen Technikschulung in der Lage, eine Stunde und länger zu skaten. Anfänger im Laufsport z. B. benötigen zum Erreichen solcher Belastungszeiten mehrere Wochen. In den ersten Trainingsstunden wird das Laufen meistens durch viele Gehpausen unterbrochen. Der Ausdauerlauf verlangt vom Anfänger viel Motivation und Durchhaltevermögen. Übergewichtige haben es dabei besonders schwer. Mit Inline-Skates fällt der Einstieg in den Ausdauersport eindeutig leichter. Wie das Fitneßtraining konkret aussehen sollte, ist nicht zuletzt abhängig von Ihren Vorerfahrungen, Ihren Vorlieben und Ihrer Begabung für sportliche Bewegungen. Wir stellen Ihnen an dieser Stelle ein mehrwöchiges Fitneßprogramm vor, bei dem wir davon ausgehen, daß Sie wenig Erfahrung in anderen Ausdauersportarten haben und Inline-Skating als Basistraining für eine bessere Fitneß nutzen wollen.

Sie können Ihr Fitneßtraining mit Hilfe der in diesem Buch vermittelten Trainingsmitteln in den Bereichen Technik- und Koordinationstraining und Spielformen (S. 34 ff.), Programme (S. 57 ff.), Dehnungsgymnastik (S. 115 ff.) und Krafttraining (S. 126 ff.) zielgerichtet und vielseitig realisieren.

Fitneß-Programm

WOCHE 1

Montag:	Techniktraining und Spiele
Dienstag:	Fitneßstudio: Ergometertraining, Stretching, Rumpfkrafttraining
Mittwoch:	Techniktraining und Spiele
Donnerstag:	Ruhetag
Freitag:	Fitneßstudio: Ergometertraining, Stretching, Rumpfkrafttraining
Samstag:	Programm 2: Extensives Speed-Skating 30 min in der Ebene
Sonntag:	Ruhetag

WOCHE 2

Montag:	Techniktraining und Spiele
Dienstag:	Fitneßstudio: Ergometertraining, Stretching, Rumpfkrafttraining
Mittwoch:	Programm 2: Extensives Speed-Skating 20 min in der Ebene
Donnerstag:	Ruhetag
Freitag:	Fitneßstudio: Ergometertraining, Stretching, Rumpfkrafttraining
Samstag:	Programm 2: Extensives Speed-Skating 30 min in der Ebene
Sonntag:	Ruhetag

WOCHE 3

Montag:	Techniktraining und Spiele
Dienstag:	Fitneßstudio: Ergometertraining, Stretching, Rumpfkrafttraining
Mittwoch:	Programm 2: Extensives Speed-Skating 30 min in der Ebene
Donnerstag:	Ruhetag
Freitag:	Fitneßstudio: Ergometertraining, Stretching, Rumpfkrafttraining
Samstag:	Programm 5: Speed-Skating nach der Fahrtspielmethode 45 min
Sonntag:	Ruhetag

WOCHE 4

Montag:	Techniktraining und Spiele
Dienstag:	Fitneßstudio: Ergometertraining, Stretching, Rumpfkrafttraining
Mittwoch:	Programm 2: Extensives Skating 45 min in der Ebene
Donnerstag:	Ruhetag
Freitag:	Ruhetag
Samstag:	Programm 5: Speed-Skating nach der Fahrtspielmethode 45 min
Sonntag:	Programm 11: Mountainbiking/Radfahren oder Ergometertraining, etwa 1 h mit geringer Intensität

Das Training für den Läufer

Die Beanspruchung des Bewegungssystems ist beim Inline-Skating geringer als beim Laufen. Die Skating-Bewegung ist harmonischer und schonender für Muskeln, Sehnen und Gelenke. Es treten keine exzentrischen Muskelbeanspruchungen in der vorderen Stützphase auf. Nach dem Erlernen der Grundtechniken können längere Skatingstrecken problemlos bewältigt werden. Höhere Beanspruchungen vor allem für die Oberschenkel- und Rumpfmuskulatur ergeben sich erst beim Skating in tiefer Körperhaltung und mit zunehmender Geschwindigkeit.

Für Jogger ist das extensive Speed-Skating (Programm 2) hervorragend zur Entwicklung der Grundlagenausdauerfähigkeit geeignet. Das ausdauernde und kraftsparende Rollen bzw. Gleiten wirkt sich günstig auf den aeroben Energiestoffwechsel aus. Dies ist insbesondere für Jogger von Bedeutung, die oft mit zu hoher Belastungsintensität laufen und dadurch keinen adäquaten Reiz für den Fettstoffwechsel setzen.

Anders verhält es sich für Läufer mit einer gut ausgeprägten Grundlagenausdauer. Führt der trainierte Läufer das extensive Skating mit der Herzfrequenz aus dem GA-1-Bereich des Lauftrainings durch, so wird er keinen wirksamen Trainingsreiz erzielen. Die Ursache liegt in der im Vergleich zum Laufen geringeren Sauerstoffaufnahme bei vergleichbarer Herzfrequenz (s. S. 21). Er sollte beim extensiven Skating mit einer etwa 10–15 Schläge/min höheren Herzfrequenz trainieren. Der optimale Trainingsbereich läßt sich über einen spezifischen Inline-Skating-Test ermitteln (s. S. 72). In jedem Fall ist das Inline-Skating für Läufer ein sinnvolles Ausgleichstraining und fördert die Entwicklung der Beinkraftausdauer.

Der folgende Trainingsplan ist für ausdauertrainierte Läufer bestimmt, die neuen Trainingsformen aufgeschlossen gegenüberstehen und neben Abwechslung und Spaß eine Verbesserung Ihrer Kondition erzielen wollen. Inline-Skating kann ganzjährig in das Lauftraining integriert werden. Der Einstieg sollte allerdings nicht unmittelbar vor

wichtigen Laufwettkämpfen erfolgen. Beginnen Sie mit dem Skating in der allgemeinen Vorbereitungsperiode bzw. während der Aufbauphase Ihres Lauftrainings. Nehmen Sie sich anfangs hinreichend Zeit für das Erlernen der wesentlichen Techniken. Die ersten zwei Wochen sind exemplarisch mit einem Technikschwerpunkt versehen.

Einsteigerprogramm

WOCHE 1

Montag:	Warm-up, Stretching Technikschulung: Übungen zum Skating-Schritt und Bremsen (s. S. 52/54), anschließend Programm 13: etwa 45 min extensiver Dauerlauf (GA 1)
Dienstag:	Warm-up, langsamer Dauerlauf 20–30 min, Stretching Technikschulung: Wiederholung der Übungen zum Skating-Schritt und Bremsen, dann Übungen zum Kurvenfahren (s. S. 54 ff.)
Mittwoch:	Programm 14: etwa 45 min intensiver Dauerlauf (GA 1/2)
Donnerstag:	Ruhetag
Freitag:	Warm-up, langsamer Dauerlauf 20 min, Stretching Technikschulung: Übungen zum Abfahren, Wiederholung der Übungen zum Skating-Schritt, Bremsen und Kurvenfahren Programm 2: etwa 20 min extensives Speed-Skating Cool-down mit Stretching
Samstag:	Programm 13: etwa 1:30 h extensiver Dauerlauf (GA 1)
Sonntag:	Ruhetag

WOCHE 2

Montag:	Techniktraining und Spiele
Dienstag:	Programm 2: etwa 40 min extensives Speed-Skating, anschließend Programm 14: etwa 30 min intensiver Dauerlauf (GA 1/2)
Mittwoch:	Ruhetag
Donnerstag:	Techniktraining und Spiele
Freitag:	Programm 13: etwa 1:15 h extensiver Dauerlauf (GA 1)
Samstag:	Programm 2: etwa 1 h extensives Speed-Skating
Sonntag:	Ruhetag

In den folgenden Wochen können Sie das Basisausdauertraining mit Inline-Skates erhöhen und das Techniktraining reduzieren. Es ist jedoch weiterhin sinnvoll, vor dem Ausdauertraining einige Technikübungen durchzuführen, um die Fahrtsicherheit zu festigen und weiter zu erhöhen. Ein 10- bis 20minütiger Dauerlauf nach dem Skating-Training erhält den Laufrhythmus, außerdem beugen Sie damit muskulären Umstellungsproblemen vor.

Viele Läufer haben das Ziel, an einem Inline-Skating-Marathon teilzunehmen. Das Training hierzu darf sich nicht nur auf ein extensives Skating-Training beschränken, sondern sollte ein spezielles Speed-, Sprint- und Powertraining einschließen, damit Sie sicher skaten und dem taktischen Renngeschehen folgen können. Außerdem sollten Sie mindestens zweimal pro Woche Kräftigungsübungen für die Rumpfmuskulatur vorsehen (s. S. 127 ff.). Eine vierwöchige Marathonvorbereitung könnte folgendermaßen aussehen:

Vier-Wochen-Programm zur Vorbereitung auf einen Inline-Skating-Marathon

WOCHE 1

Montag:	Techniktraining und Spiele
Dienstag:	Programm 2: etwa 1 h extensives Speed-Skating
Mittwoch:	Programm 13: etwa 1 h extensiver Dauerlauf (GA 1)
Donnerstag:	Programm 6: Sprinttraining: a) 6 x Antritte und b) 6 x fliegende Sprints
Freitag:	Programm 14: etwa 45 min intensiver Dauerlauf (GA 1/2)
Samstag:	Programm 3 a: Intensives Speed-Skating nach der Tempowechselmethode 4 x (2 km schnell und 1 km locker)
Sonntag:	Ruhetag

WOCHE 2

Montag:	Techniktraining und Spiele
Dienstag:	Programm 7: etwa 1:15 h extensives Power-Skating
Mittwoch:	Programm 13: etwa 1 h extensiver Dauerlauf (GA 1)
Donnerstag:	Programm 6: Sprinttraining: a) 8 x Antritte und b) 8 x fliegende Sprints
Freitag:	Ruhetag
Samstag:	Programm 4 a: High-Speed-Skating nach der Intervallmethode: 6 x (300 m schnell und 200 m locker)
Sonntag:	Programm 5: etwa 1:30 h Speed-Skating nach der Fahrtspielmethode

WOCHE 3

Montag:	Techniktraining und Spiele
Dienstag:	Programm 3 b: etwa 1:15 h intensives Speed-Skating nach der Tempodauermethode
Mittwoch:	Programm 13: etwa 1 h extensiver Dauerlauf (GA 1)
Donnerstag:	Programm 6: Sprinttraining: a) 8 x Antritte und b) 8 x fliegende Sprints
Freitag:	Ruhetag
Samstag:	Prog. 4 b: High-Speed-Skating nach der Wiederholungsmethode: 8 x (200 m mit 3 min Pause)
Sonntag:	Programm 5: etwa 1:15 h Speedtraining nach der Fahrtspielmethode

WOCHE 4

Montag:	Techniktraining und Spiele
Dienstag:	Programm 2: etwa 1 : 10 h extensives Speed-Skating (GA 1)
Mittwoch:	Programm 4 c: etwa 5 km High-Speed-Skating nach der Wettkampfmethode
Donnerstag:	Programm 1: etwa 30 min REKOM-Lauf
Freitag:	Programm 1: REKOM-Skating
Samstag:	Programm 1: REKOM-Skating
Sonntag:	Wettkampf / Inline-Skating-Marathon

Das Training für den Radsportler

Radsportler bringen für das Inline-Skating hervorragende Voraussetzungen mit. Sie haben eine gute Kondition, eine kräftige, dem Skating ähnlich trainierte Beinmuskulatur, sind an hohe Geschwindigkeiten gewöhnt und haben viel Erfahrung im Gruppentraining. Das Fahren im Windschatten und taktisches Rennverhalten sind ihnen nicht neu. Genau dies sind die Anforderungen für ein Speed-Skating-Rennen. Der Radsportler kann seine Vorerfahrungen nutzen und sie auf Inline-Skates übertragen. Der Umgang mit dem neuen Sportgerät wird dennoch die volle Konzentration des Radsportlers erfordern. Das systematische Erlernen der Techniken ist äußerst wichtig und verläuft in ähnlichen Schritten wie bei jedem Anfänger. Ein zweiwöchiges Aufbauprogramm für Einsteiger könnte wie folgt aussehen:

Einsteigerprogramm

WOCHE 1

Montag: Warm-up, Stretching
                Technikschulung: Übungen zum Skating-Schritt und
                Bremsen (s. S. 52 / 54),
                anschließend Programm 12: etwa 1 : 30 h extensive Radfahrt
                (GA 1)
Dienstag: Warm-up
                Programm 11: etwa 30 min extensive MTB- / Radfahrt, Stretching
                Technikschulung: Wiederholung der Übungen zum
                Skating-Schritt und Bremsen, dann Übungen zum
                Kurvenfahren (s. S. 54 ff.)
Mittwoch: Programm 12: etwa 1 : 20 h intensives Rad- / MTB-Fahrtspiel
Donnerstag: Ruhetag
Freitag: Warm-up
                Programm 11: etwa 30 min extensive Radfahrt, Stretching
                Technikschulung: Übungen zum Abfahren (s. S. 55), dann
                Wiederholung der Übungen zum Skating-Schritt, Bremsen und
                Kurvenfahren,
                anschließend Programm 2: etwa 20 min extensives Speed-Skating
                Cool-down mit Stretching
Samstag: Ruhetag
Sonntag: Programm 12: > 3 h Fettstoffwechsel-Radfahrt

WOCHE 2

Montag: Techniktraining und Spiele
Dienstag: Programm 2: etwa 40 min extensives Speed-Skating,
                anschließend Programm 12: etwa 45 min intensive MTB- /
                Radfahrt
Mittwoch: Ruhetag
Donnerstag: Techniktraining und Spiele
Freitag: Prog. 11: etwa 1 : 15 h extensive MTB- / Radfahrt
Samstag: Programm 5: etwa 45 min Speed-Skating nach der
                Fahrtspielmethode
Sonntag: Ruhetag

Wenn Sie Inline-Skating nicht nur zur Abwechslung des Trainingsalltags nutzen wollen, sondern es Ihnen so viel Spaß bereitet, daß Sie planen, an einem Inline-Skating-Marathon teilzunehmen, dann haben Sie, wie bereits eingangs gesagt, hierfür als Radsportler beste Voraussetzungen, weil Sie es vom Radrennen gewohnt sind, taktisch zu agieren. Dennoch sollten Sie nicht unvorbereitet an den Start gehen, da ein Inline-Skating-Marathon Ihre Muskulatur anders beansprucht als das Pedalieren. Der Tretzyklus beim Radfahren ist im Vergleich zum Schrittzyklus beim Inline-Skating bedeutend schneller, d. h., der Wechsel von Belastung und Entlastung der Muskulatur ist verschieden. Während beim Radfahren die optimale Tretfrequenz bei etwa 90–100 Umdrehungen pro Minute liegt, beträgt die Frequenz bei einem Inline-Marathon nur etwa 40–60 Schritte pro Minute. Nicht nur die Dauer der Beanspruchung der Beinmuskulatur, sondern auch die im Schrittzyklus beanspruchten Muskelgruppen unterscheiden sich beim Skating und beim Pedalieren. Der Radsportler sollte sich hierauf einstellen und durch ein entsprechendes Vorbereitungstraining die Voraussetzungen für eine Marathonbelastung schaffen. Untersuchungen haben ergeben, daß sich auch die Herz-Kreislauf-Belastung und der Energiestoffwechsel beim Radfahren und Inline-Skating in bezug auf die Sauerstoffaufnahme unterscheiden. Um eine vergleichbar reizwirksame Trainingseinheit zu absolvieren, die mindestens 55 % der individuellen maximalen O_2-Aufnahme sichert, muß auf Inline-Skates mit einer im Vergleich zum GA1-Radtraining etwa 20 Schläge pro Minute höheren Herzfrequenz trainiert werden (s. S. 21). Der optimale Trainingsbereich läßt sich nur über einen spezifischen Inline-Skating-Test ermitteln (s. S. 72). Ein Test macht nur dann Sinn, wenn Sie ein ausdauerndes Skating gewohnt sind und die Techniken sicher beherrschen. Sie werden anfangs noch nicht so entspannt skaten können, wie Sie es vom Radfahren her gewohnt sind. Bei zunehmender Streckenlänge können sich muskuläre Probleme einstellen. Entspannen Sie sich in regelmäßigen Abständen, indem Sie sich aufrichten und strecken, kürzere Pausen einlegen oder das Tempo variieren. Zur Kompensation ist es ratsam, mindestens zweimal pro Woche spezielle Übungen zur Rumpfkräftigung durchzuführen. Ein vierwöchiges Programm könnte wie folgt aussehen:

Entspannung beim Skaten

Vier-Wochen-Programm zur Vorbereitung auf einen Inline-Skating-Marathon

WOCHE 1

Montag:	Techniktraining und Spiele
Dienstag:	Programm 2: etwa 1:15 h extensives Speed-Skating
Mittwoch:	Programm 12: etwa 1 h intensive MTB-/Radfahrt
Donnerstag:	Programm 6: Sprinttraining: a) 6 x Antritte und b) 6 x fliegende Sprints
Freitag:	Ruhetag
Samstag:	Programm 3 a: Intensives Speed-Skating nach der Tempowechsel-methode 4 x (3 km schnell und etwa 1,5 km locker)
Sonntag:	Programm 11: > 3 h Fettstoffwechsel-Radfahrt

WOCHE 2

Montag:	Techniktraining und Spiele
Dienstag:	Programm 7 a: etwa 1:15 h extensives Power-Skating
Mittwoch:	Programm 12: etwa 1:30 h intensives MTB-/Radfahrtspiel
Donnerstag:	Programm 6: Sprinttraining: a) 8 x Antritte und b) 8 x fliegende Sprints
Freitag:	Ruhetag
Samstag:	Programm 3 b: etwa 10 km intensives Speed-Skating nach der Tempodauermethode
Sonntag:	Programm 2: etwa 2 h extensives Speed-Skating

WOCHE 3

Montag:	Techniktraining und Spiele
Dienstag:	Programm 7 b: etwa 1 h extensives Power-Skating
Mittwoch:	Programm 11: etwa 2 h extensive Radfahrt (GA 1)
Donerstag:	Programm 6: Sprinttraining: a) 8 x Antritte und b) 8 x fliegende Sprints
Freitag:	Ruhetag
Samstag:	Programm 4 b: High-Speed-Skating nach der Wiederholungsmethode 8 x 200 m mit 3 min Pause
Sonntag:	Programm 5: etwa 1:15 h Speed-Skating nach der Fahrtspielmethode

WOCHE 4

Montag:	Techniktraining und Spiele
Dienstag:	Programm 2: etwa 1:10 h extensives Speed-Skating
Mittwoch:	Programm 4 c: etwa 5 km High-Speed-Skating nach der Wettkampfmethode
Donnerstag:	Programm 1: bis 1:30 h REKOM-Radfahrt
Freitag:	Programm 1: REKOM-Skating
Samstag:	Programm 1: REKOM-Skating
Sonntag:	Wettkampf/Inline-Skating-Marathon

Das Training für den Skilangläufer und den Schlittschuhläufer

Endlich kann man auch im Sommer die Berge hinunterschwingen, durch Parks, Felder und Wiesen skaten oder auf speziellen Speed-Skating-Bahnen mit hoher Geschwindigkeit seine Runden drehen. Die Bewegung des Skating-Schritts auf Inline-Skates ist dem auf Schlittschuhen oder Skating-Langlaufskiern sehr ähnlich. Der Abstoß erfolgt jeweils wechselseitig vom rollenden bzw. gleitenden Gerät, schräg zur Laufrichtung. Mit den kurzen und leicht rollenden Inlinern ist das Skating auf der Straße sehr einfach. Der Techniktransfer vom Wintersportgerät auf Inline-Skates gelingt ohne Probleme, doch müssen Sie sich mit den veränderten Bodenbeschaffenheiten vertraut machen. Wechselnder Straßenbelag, Split, Kies oder Nässe stellen unterschiedliche Anforderungen an das Fahrverhalten und erfordern besondere Aufmerksamkeit.

Der Skilangläufer wird nach den ersten Schritten auf Inline-Skates einige Unterschiede bemerken. Der Rollwiderstand der Inline-Skates ist wesentlich geringer als der Gleitwiderstand auf Skatingskiern. Mit relativ wenig Krafteinsatz der Beinmuskulatur kann man auf Inline-Skates beachtliche Geschwindigkeiten erreichen. Im Schnee ist für vergleichbare Geschwindigkeiten mehr Kraft erforderlich, insbesondere dann, wenn der Schnee sehr feucht ist oder kein optimales Gleitwachs gemäß den äußeren Bedingungen gewählt wurde. Der Bewegungszyklus ist beim Inline-Skating und Schlittschuhlaufen vergleichbar, im Vergleich zum Skilanglauf jedoch zeitlich kürzer. Mit Inline-Skates können pro Zeiteinheit mehr Bewegungsimpulse im Sinne eines Frequenztrainings gesetzt werden. Allerdings ist auch der Rollwiderstand der Skates auf glattem oder rauhem Belag nicht immer identisch, jedoch gibt es Möglichkeiten, mit verschiedenen Rollen (weich oder hart) darauf einzuwirken (s. S. 13). Inline-Skates haben durch elastisch und adhäsiv (d. h. mit Hilfe der Reibungskraft) wirkende Rollen ein verändertes Gleit- und Abdruckverhalten im Vergleich zum Skatingski.

Das Sommertraining von Skilangläufern und Eisschnelläufern erfährt durch Inline-Skating eine neue Dimension. Während Skilangläufer in den letzten Jahren etwa 50 % des Sommertrainings auf Rollskiern absolviert haben, nutzen viele von ihnen heute die Inline-Skates. Alle Richtungsänderungen des Skilanglaufs lassen sich auf Skates übertragen, durch die Kompaktheit des Inline-Skates sogar variabler gestalten. Alle Skatingtechniken des Skilanglaufs können auf Inline-Skates mit Skistöcken erlernt und geübt werden. Umgekehrt kann die Doppeldrucktechnik nicht mit dem Skatingski ausgeführt werden. Effektives Skilanglauftraining ist also nicht nur im Winter möglich.

Viele Skilangläufer nehmen an den attraktiven Inline-Skating-Marathons teil. Zwar hatten die Skilangläufer den Sommer längst für sich entdeckt und ihre gute Kondition in den verschiedenen Ausdauersportarten unter Beweis gestellt, doch waren sie den Spezialisten im Wettkampf meist unterlegen. Dies kann im Speed-Skating anders werden. Skilang- und Schlittschuhläufer können ihre konditionellen und technischen Fähigkeiten und Fertigkeiten unmittelbar für das Erbringen einer guten Wettkampfleistung nutzen. Es ist sicher nur eine Frage der Zeit, bis die Weltelite im Skilang- und Schlittschuhlauf die Inline-Skating-Marathons für sich entdeckt. Nachfolgend geben wir ein Beispiel für eine vierwöchige Vorbereitung auf einen Inline-Skating-Marathon. Die Wochenprogramme sollten durch regelmäßiges Rumpfkrafttraining (s. S. 127 ff.) ergänzt werden.

Vier-Wochen-Programm zur Vorbereitung auf einen Inline-Skating-Marathon

WOCHE 1		
Montag:	Programm 2: etwa 1:30 h extensives Speed-Skating
Dienstag:	Programm 7 c: etwa 1:15 h extensives Power-Skating
Mittwoch:	Programm 6: Sprinttraining: a) 8 x Antritte und b) 8 x fliegende Sprints
Donnerstag:	Programm 5: etwa 1 h Speed-Skating nach der Fahrtspielmethode
Freitag:	Ruhetag
Samstag:	Programm 3 a: Intensives Speed-Skating nach der Tempowechselmethode 5 x (3 km schnell und etwa 1,5 km locker)
Sonntag:	Programm 11: etwa 3 h extensive MTB- / Radfahrt (GA 1)

WOCHE 2

Montag:	Programm 3 b: etwa 15 km extensives Speed-Skating nach der Tempodauermethode
Dienstag:	Programm 7 a: etwa 1:30 h extensives Power-Skating
Mittwoch:	Programm 12: etwa 1:30 h intensives Rad-/MTB-Fahrtspiel
Donnerstag:	Programm 6: Sprinttraining: a) 10 x Antritte und b) 10 x fliegende Sprints
Freitag:	Ruhetag
Samstag:	Programm 4 a: High-Speed-Skating nach der Intervallmethode 10 x (400 m schnell und 200 m locker)
Sonntag:	Programm 7 c: etwa 2 h extensives Power-Skating

WOCHE 3

Montag:	Programm 4 b: High-Speed-Skating nach der Wiederholungsmethode 10 x 200 m mit 3 min Pause
Dienstag:	Programm 7 c: etwa 1:30 h extensives Power-Skating
Mittwoch:	Programm 11: etwa 2 h extensive Radfahrt (GA 1)
Donnerstag:	Programm 6: Sprinttraining: a) 10 x Antritte und b) 10 x fliegende Sprints
Freitag:	Ruhetag
Samstag:	Programm 4 c: etwa 10 km High-Speed-Skating nach der Wettkampfmethode
Sonntag:	Programm 5: etwa 1:15 h Speed-Skating nach der Fahrtspielmethode

WOCHE 4

Montag:	Programm 7 c: etwa 1:15 h extensives Power-Skating
Dienstag:	Programm 11: etwa 1:30 h extensives Radfahren
Mittwoch:	Programm 4 c: etwa 5 km High-Speed-Skating nach der Wettkampfmethode
Donnerstag:	Programm 1: REKOM-Training, z. B. etwa 1 h Radfahren
Freitag:	Programm 1: REKOM-Skating
Samstag:	Programm 1: REKOM-Skating
Sonntag:	Wettkampf/Inline-Skating-Marathon

Das Training für den alpinen Skiläufer

Für alpine Skiläufer sind Inline-Skates ideale Trainingsgeräte in der schneefreien Zeit. Prinzipiell sind alle Techniken des alpinen Skilaufs auf Inline-Skates übertragbar. Die Berge mit Skates hinunterzusausen oder aber mit Skistöcken im Slalomparcours Schnelligkeit und Reaktionsvermögen zu testen sind ideale Skiimitationsübungen. Sie können also ganzjährig technisch-koordinative und konditionelle Fähigkeiten spezifisch trainieren. Insbesondere werden das dynamische Gleichgewicht und der Bewegungsrhythmus geschult. Unterschiede zum Skilauf ergeben sich durch das niedrigere Gewicht und die höhere Wendigkeit der Skates sowie die eingeschränkte Geländewahl. Kinästhetische Anforderungen, wie sie beim Skilauf durch ständig wechselnde Geländeformen (Bodenwellen) und Schneeverhältnisse etc. entstehen, können auf Skates nur bedingt erlebt werden. Ausdauer und Kraft sind im alpinen Skilauf eine wichtige Voraussetzung für eine gute Technik. Das Training auf Inline-Skates reduziert zugleich das Verletzungsrisiko im Skilauf. Mit einer besseren Kondition können Sie auch am Ende eines Skitages im Zustand zunehmender Ermüdung konzentriert und sicher fahren. Außerdem legen Sie durch ein ganzjähriges Training die Basis für ein gesundes Sporttreiben.

Das Training für den Speed-Skater

In diesem Kapitel zeigen wir, wie das Training für Speed-Skater über eine längere Phase gestaltet werden kann. Die Trainingsprogramme wenden sich an ambitionierte Speed-Skater, die sich auf Langstreckenrennen (Marathon) vorbereiten und Inline-Skating als Hauptsportart ausüben. Die nachfolgenden Pläne vermitteln, wie man ein leistungsorientiertes sportliches Training unter Beachtung der Trainingsprinzipien gestalten kann. Die Angabe konkreter Trainingseinheiten darf Sie aber nicht davon abhalten, Änderungen oder Umstellungen vorzunehmen. Nur wenn es Ihnen gelingt, das Wochentrainingsprogramm auf Ihre persönlichen Voraussetzungen wie Befindlichkeit, Körpergefühl sowie aktuelle Leistungsfähigkeit abzustimmen, werden Sie letztendlich erfolgreich sein. Sie können beispielsweise in den Wochenprogrammen entsprechend Ihrer Vorliebe und in Abhängigkeit der Witterungsverhältnisse Radfahren, Laufen, Skilanglauf oder Schlittschuhlauf beliebig gegeneinander austauschen.

Periodisierung im Jahresverlauf

Für eine sinnvolle Trainingsgestaltung wird das Jahrestraining in mehrere Abschnitte bzw. Perioden mit unterschiedlicher Zielsetzung gegliedert. Wir unterteilen das Trainingsjahr des Speed-Skaters in vier Perioden:

1. die allgemeine Vorbereitungsperiode von November bis Februar
2. die spezielle Vorbereitungsperiode von März bis April
3. die Wettkampfperiode von Mai bis September
4. die Übergangsperiode im Oktober.

Der Grundaufbau des Jahrestrainings wird auf Seite 98 schematisch dargestellt. Nach der Übergangsperiode, in der Sie sich gut von den Belastungen der letzten Saison erholt haben sollten, beginnt im November die allgemeine Vorbereitungsperiode. Der Schwerpunkt liegt auf der Entwicklung der Grundlagen- und Kraftausdauer, der Schnelligkeit sowie der Verbesserung der Skatingtechnik. In der anschließenden speziellen Vorbereitungsperiode wird das Training vorrangig auf Inline-Skates durchgeführt. Die mit anderen Trainingsmitteln erworbenen Grundlagen werden auf das Inline-Skating übertragen. Das Training nimmt insgesamt an Intensität und Umfang zu. Grundsätzlich trainiert man in den beiden Vorbereitungsperioden vom Allgemeinen zum Speziellen bei zunehmenden Belastungsanforderungen. In der langen Wettkampfperiode über etwa fünf Monate muß das Training auf den Wettkampfkalender abgestimmt werden. In Wochen mit vielen Wettkämpfen haben Regenerationsmaßnahmen und kurze intensive Einheiten Priorität. In wettkampffreien Wochen liegt der Schwerpunkt auf einer Stabilisierung der Ausdauerfähigkeit.

Monat	Okt.	Nov.	Dez.	Jan.	Feb.	März	April	Mai	Juni	Juli	August	Sept.	Okt.
Periode	ÜP	allgemeine Vorbereitungsperiode				spezielle Vorbereitungsperiode			Wettkampfperiode				
Wochenanzahl	~4	~16				~12			~18				→
Woche	42 43 44	45 46 47 48	49 50 51 52	1 2 3 4	5 6 7 8	9 10 11 12 13	14 15 16 17	18 19 20 21	22 23 24 25	26 27 28 29	30 31 32 33 34 35	36 37 38 39	40 41
Schwerpunkt	R E K O M	Grundlagen- und Techniktraining → *Dehnungsgymnastik und Rumpf-Kräftigungsübungen*	KT₁ / KT₂ / KA1 / GA1	KT₃ KT₄ / SK	KT₅	spezielle Ausdauer · KT₃ / KA1 / GA2	KT₅ / KA2 / SK	SK	wettkampfspezifische Ausdauer · KA1 / REKOM		SK / WSA		R E K O M
Ziel		Erhöhung der allgemeinen Leistungsgrundlagen				Erhöhung der spezifischen Leistungsvoraussetzungen			Ausprägung der Wettkampfleistung			Stabilisierung der Wettkampfleistung	

Belastungssteigerung

Zyklische Gestaltung des Trainings

Die zyklische Gestaltung des Trainings hat großen Einfluß auf die Leistungsentwicklung. Ein Trainingszyklus beschreibt unterschiedlich lange Belastungsphasen und kann 2 bis 3 Tage, eine Woche (Mikrozyklus), 3 bis 4 Wochen (Mesozyklus) oder mehrere Monate (Makrozyklus) umfassen. Nach jeder Belastungsphase folgt eine Entlastungsphase. Die Zyklen bauen im Sinne einer ansteigenden (progressiven) Belastung aufeinander auf. In allen dargestellten Plänen haben wir einen 2:1- bis 3:1-Zyklus gewählt, d.h., auf einen zwei- bis dreitägigen (-wöchigen) Belastungsblock folgt eine Entlastungsphase mit reduzierten Trainingsbelastungen, die Ihrem Organismus hinreichend Zeit für die Verarbeitung der Trainingsreize geben soll. Wenn Sie dieses Prinzip der zyklischen Trainingsgestaltung einhalten, werden selten Überforderungen auftreten.

Abbildungserklärungen

REKOM: Regenerations- und Kompensationstraining (s. Programm 1)

GA 1:   Grundlagenausdauertraining 1 (s. Programme 2, 11, 13, 15)

GA 2:   Grundlagenausdauertraining 2 im Entwicklungsbereich (s. Programm 3)

WSA: Training im wettkampfspezifischen Ausdauerbereich (s. Programme 4, 6, 9)

KA: Kraftausdauertraining (s. Programme 7 und 8)

KT: Krafttraining an Geräten (s. Programme KT 1–5, Seiten 145 bis 147)

ÜP: Übergangsperiode

Jahresplanung im Inline-Skating

Die allgemeine Vorbereitungsperiode

Nach der Übergangsperiode beginnt im November die allgemeine Vorbereitungsperiode. In dieser Phase trainiert der Speed-Skater vorrangig mit allgemeinen Trainingsmitteln. Das Outdoortraining mit Skates ist aufgrund der klimatischen Bedingungen nur noch eingeschränkt möglich. Laufen, Mountainbiking, Schlittschuhlaufen und Skilanglauf/Skating sind die idealen Ausdaueraktivitäten für die Wintermonate. Wichtig ist vor allem ein Konditions- und Koordinationstraining in der Halle mit und ohne Skates. Jetzt ist die beste Zeit, um die Technik zu verändern, zu verbessern oder um neue Elemente hinzuzulernen. Das Krafttraining zielt auf eine allgemeine Muskelkräftigung unter besonderer Berücksichtigung der Rumpfmuskulatur (s. S. 126 ff.). Zusätzlich kann ein- bis zweimal in der Woche ein Krafttraining an Geräten zur Erhöhung der Kraftfähigkeiten durchgeführt werden. Die Wochentrainingspläne sind nach dem oben beschriebenen Zyklisierungsprinzip in Vierwochenblöcke aufgeteilt, d. h., nach drei Wochen mit ansteigenden Belastungsumfängen folgt eine Woche mit geringeren Belastungsumfängen.

Im ersten Vierwochenblock werden Sie behutsam auf das regelmäßige Training mit lockeren Einheiten im Laufen, auf dem Mountainbike und im Kraftraum eingestimmt. Für die Leistungsentwicklung ist es besonders wichtig, daß Sie von Beginn an mit der richtigen Intensität trainieren. Deshalb empfehlen wir Ihnen, bereits in der 2. Woche einen Test zur Bestimmung der maximalen Herzfrequenz (Hf_{max}) im Laufen oder Mountainbiking durchzuführen, je nachdem, welches Trainingsmittel Sie

häufiger nutzen (s. Programm 9, S. 72). Aus der ermittelten Hf_{max} können Sie die Herzfrequenz für die verschiedenen Trainingsbereiche prozentual berechnen (s. Tabelle im Anhang, S. 153). Das Kraft- und Fitneßtraining in den ersten Wochen dient der Gewöhnung an die Übungen und Geräte und wird als Kreis- bzw. Circuittraining organisiert. Nachdem die Wochenumfänge bis zur 3. Woche gesteigert wurden, sollen Sie sich in der 4. Woche erholen.

In den nächsten Wochen werden die Umfänge weiter erhöht, durch die längeren Trainingseinheiten werden Sie vermehrt Ihren Fettstoffwechsel aktivieren und trainieren. In der 8.Woche sollten Sie Ihre Hf_{max} nochmals kontrollieren und gegebenenfalls die Trainingsintensitäten neu festlegen.

Gegen Ende der allgemeinen Vorbereitungsperiode nehmen die allgemeinen Trainingsmittel ab, um den Übergang zum speziellen Speed-Skatingtraining zu erleichtern. Deshalb sollten Sie in der 12. Woche einen Hf_{max}-Test mit Inline-Skates durchführen, damit Sie Ihre Trainingsintensität auch auf Skates exakt einhalten können.

Welchen Trainingsumfang Sie in der allgemeinen Vorbereitungsphase realisieren möchten, hängt primär von der Ihnen zur Verfügung stehenden Zeit, Ihrer Leistungsfähigkeit und Ihren Zielen ab.

Wochenpläne: Allgemeine Vorbereitungsperiode für Speed-Skater

Woche	Montag	Dienstag	Mittwoch	Donnerstag	Freitag	Samstag	Sonntag	Umfang
1	(KT₁) Kraftcircuit	[13] ~45 min Ext. Dauerlauf			(KT₅) Motoriktraining	[11] ~2 h Ext. Radfahrt		~5 h
2	(KT₁) Kraftcircuit	(9) ~1 h Hfmax-Test Lauf oder Rad	[2] ~1 h Ext. Speedskaten		(KT₅) Motoriktraining	[11] ~2 h Ext. Radfahrt		~7 h
3	(KT₁) Kraftcircuit; ▽5 ~1 h Speedskating-Fahrtspiel	[13] ~1 h Ext. Dauerlauf	[2] ~1:30 h Ext. Speedskating		(KT₅) Motoriktraining	▽7a ~1:30 h Ext. Powerskating	[11] ~3 h Fettstoffwechsel-Radfahrt	~10 h
4	(KT₁) Kraftcircuit	[13] ~1 h Ext. Dauerlauf	▽12 ~1:30 h MTB-Fahrtspiel		(KT₅) Motoriktraining	▽10 ~1:30 h Run & Bike		~7 h
5	(KT₂) Kraftausdauertraining; ▽5 ~1 h Speedskating-Fahrtspiel	[13] ~1 h Ext. Dauerlauf	▽12 ~1:30 h MTB-Fahrtspiel		(KT₅) Motoriktraining	▽10 ~1:30 h Run & Bike		~8 h
6	(KT₂) Kraftausdauertraining	[13] ~1:30 h Fettstoffwechsel-Lauf	(KT₄) Sprungkrafttraining	▽14 ~1 h Lauf-Fahrtspiel	(KT₅) Motoriktraining	▽12 ~2 h MTB-Fahrtspiel	▽10 ~2 h Run & Bike	~10 h

Woche	Montag	Dienstag	Mittwoch	Donnerstag	Freitag	Samstag	Sonntag	Umfang
7	(KT₂) Kraftausdauer-training [5] ~1 h Speedskating-Fahrtspiel	[13] ~1:30 h Ext. Dauerlauf	(KT₄) Sprungkrafttraining	[14] ~1 h Lauf-Fahrtspiel	(KT₅) Motoriktraining	[12] ~2 h MTB-Fahrtspiel	[13] ~1:30 h Fettstoffwechsel-Lauf	~10 h
8		[9] ~1 h Hfmax-Test		[14] ~1 h Lauf-Fahrtspiel	(KT₅) Motoriktraining		[12] ~2:30 h MTB-Fahrtspiel	~6 h
9	(KT₃) Muskelaufbau-training	[13] ~1:15 h Ext. Dauerlauf	(KT₄) Sprungkrafttraining	[14] ~1 h Lauf-Fahrtspiel	(KT₅) Motoriktraining	[7a] ~1 h Ext. Powerskating oder (KT₄) Sprungkrafttraining	[10] ~2 h Run & Bike	~10 h
10	(KT₃) Muskelaufbau-training	[13] ~1:15 h Ext. Dauerlauf	(KT₄) Sprungkrafttraining	[13] ~1:30 h Fettstoffwechsel-Lauf	(KT₅) Motoriktraining	[7b] 6 x 300 m Ext. Powerskating oder (KT₄) Sprungkrafttraining	[10] ~2:30 h Run & Bike	~10 h
11	(KT₃) Muskelaufbau-training [13] ~1:15 h Ext. Dauerlauf	[14] ~1 h Int. Dauerlauf	(KT₄) Sprungkrafttraining	[13] ~1:45 h Fettstoffwechsel-Lauf	(KT₅) Motoriktraining	[7b] 6 x 500 m Ext. Powerskating oder (KT₄) Sprungkrafttraining	[12] ~2:30 h MTB-Fahrtspiel	~12 h
12	(KT₃) Muskelaufbau-training	[9] ~1 h Hfmax-Test		[14] ~1 h Lauf-Fahrtspiel	(KT₅) Motoriktraining		[13] ~1:15 h Ext. Dauerlauf	~6 h

Woche	Montag	Dienstag	Mittwoch	Donnerstag	Freitag	Samstag	Sonntag	Umfang
13	(KT₂) Kraftausdauertraining, 2 ~1 h, Ext. Speedskating	14 ~1 h, Lauf-Fahrtspiel	7a ~1:15 h, Ext. Powerskating oder (KT₄) Sprungkrafttraining	13 ~1:30 h, Fettstoffwechsel-Lauf	(KT₅) Motoriktraining	7a ~1 h, Ext. Powerskating	10 ~2 h, Run & Bike	~10 h
14	(KT₂) Kraftausdauertraining, 2 ~1:30 h, Ext. Speedskating	14 ~1 h, Lauf-Fahrtspiel	7b 6 x 500 m, Ext. Powerskating oder (KT₄) Sprungkrafttraining	13 ~1:15 h, Ext. Dauerlauf	(KT₅) Motoriktraining	7a ~1:30 h, Ext. Powerskating	11 ~2:30 h, Fettstoffwechsel-Radfahrt	~11 h
15	(KT₂) Kraftausdauertraining, 2 ~2 h, Ext. Speedskating	14 ~1 h, Lauf-Fahrtspiel	7b 8 x 500 m, Ext. Powerskating oder (KT₄) Sprungkrafttraining	13 ~1:30 h, Ext. Dauerlauf	(KT₅) Motoriktraining	7a ~1:30 h, Ext. Powerskating	11 ~3 h, Fettstoffwechsel-Radfahrt	~13 h
16	(KT₂) Kraftausdauertraining, 2 ~1 h, Ext. Speedskating	13 ~1:15 h, Ext. Dauerlauf	5 ~1 h, Speedskating-Fahrtspiel		(KT₅) Motoriktraining	12 ~2 h, MTB-Fahrtspiel		~8 h

Die spezielle Vorbereitungsperiode

Nach der langen Vorbereitungsphase gewinnt das Training auf Inline-Skates im Freien an Bedeutung. Ziel dieser Periode ist es, die erworbenen konditionellen Fähigkeiten auf die Skates zu übertragen und die Voraussetzungen für die Wettkampfsaison zu legen. In den sechs Wochen der speziellen Vorbereitungsperiode sind das extensive und das intensive Speedtraining ein Schwerpunkt. Die Gesamtbeanspruchung des Trainings steigt an und erreicht am Ende der speziellen Vorbereitungsperiode einen Höhepunkt. Intensivere Trainingseinheiten werden weiterhin mit dem Basisausdauertraining in anderen Ausdauersportarten ergänzt, um das erworbene aerobe Ausdauerniveau nicht zu verlieren. Am Anfang dieser Trainingsperiode empfehlen wir Ihnen mit dem Test zur Bestimmung der maximalen Herzfrequenz die nochmalige Kontrolle der Hf_{max} (s. Programm 9, S. 72) oder einen speziellen Feldstufentest auf Inline-Skates (s. S. 24 ff.), damit Sie die Intensitäten Ihres Trainings auch weiterhin so exakt steuern können wie bisher.

Wochenpläne: Spezielle Vorbereitungsperiode

Woche	Montag	Dienstag	Mittwoch	Donnerstag	Freitag	Samstag	Sonntag	Umfang
1	[KT3] Muskelaufbau-training	[14] ~1 h Lauf-Fahrtspiel	[9] ~1 h Hfmax-Test-Skaten	[2] ??? Ext. Speedskaten	[KT5] Motoriktraining	[7a] ~1:30 h Ext. Powerskaten	[11] ~3 h Fettstoffwechsel-Radfahrt	~12 h
2	[KT3] Muskelaufbau-training / [6a] 2 x (4 x ~30 m) Antritte / Starts	[14] ~1:15 h Lauf-Fahrtspiel	[2] ~2 h Ext. Speedskaten	[3a] 6 x 2 km Int. Speedskaten	[KT5] Motoriktraining	[8] 6 x 50 m Int. Powerskaten mit SLL-Stöcken	[11] ~4 h Fettstoffwechsel-Radfahrt	~13 h
3	[KT3] Muskelaufbau-training / [6a] 2 x (4 x ~30 m) Antritte / Starts	[12] ~2 h Rad-Fahrtspiel	[2] ~2 h Ext. Speedskaten	[3b] ~1 h Int. Speedskaten	[KT5] Motoriktraining	[8] 6 x 100 m Int. Powerskaten mit SLL-Stöcken	[11] ~4 h Fettstoffwechsel-Radfahrt	~14 h
4		[13] ~1 h Ext. Dauerlauf		[1] 40 min REKOM		[5] ~1 h Speedskating-Fahrtspiel	[11] ~3 h Fettstoffwechsel-Radfahrt	~6 h
5	[6b] 3 x (4 x ~50 m) fliegende Sprints	[14] ~1 h Int. Dauerlauf	[2] ~2 h Ext. Speedskaten		[8] 8 x 100 m Int. Powerskaten mit SLL-Stöcken	[5] ~1:30 h Speedskating-Fahrtspiel	[11] ~3 h Fettstoffwechsel-Radfahrt	~10 h
6	[6a] 3 x (4 x ~50 m) Antritte / Starts	[12] ~2 h Rad-Fahrtspiel	[3a] 3 x 5 km Int. Speedskaten		[8] 10 x 100 m Int. Powerskaten mit SLL-Stöcken	[2] ~2 h Ext. Speedskaten	[11] ~3 h Fettstoffwechsel-Radfahrt	~12 h

Woche	Montag	Dienstag	Mittwoch	Donnerstag	Freitag	Samstag	Sonntag	Umfang
7	(6a) 4 x (4 x ~50 m) Antritte / Starts	▽12 ~2 h Rad-Fahrtspiel	◇3b ~1 h Int. Speedskating	◇7b 8 x 500 m Ext. Powerskating	◇8 10 x 100 m Int. Powerskating	2 ~2 h Ext. Speedskating	11 ~3 h Fettstoffwechsel-Radfahrt	~12 h
8		◇3b ~1 h Int. Speedskating		◇7a ~1:30 h Ext. Powerskating	13 ~1 h Ext. Dauerlauf	2 ~2 h Ext. Speedskating		~6 h
9	▽5 ~1:30 h Speedskating-Fahrtspiel	(4a) 8 x 200 m High-Speedskating	11 ~2 h Ext. Radfahrt	◇7a ~1:15 h Ext. Powerskating	13 ~1 h Ext. Dauerlauf	2 ~1 h Ext. Speedskating	Aufbau-Wettkampf	~10 h
10	11 ~1:30 h Ext. Radfahrt		11 ~2 h Ext. Radfahrt	◇7a ~1:15 h Ext. Powerskating	13 ~1 h Ext. Dauerlauf	⟩I⟨ ~40 min REKOM	Aufbau-Wettkampf	~8 h
11	⟩I⟨ ~40 min REKOM	2 ~1 h Ext. Speedskating	11 ~2 h Fettstoffwechsel-Radfahrt	◇7b 10 x 500 m Ext. Powerskating	▽5 ~1:30 h Speedskating-Fahrtspiel	▽12 ~1:30 h Rad-Fahrtspiel	11 ~3 h Fettstoffwechsel-Radfahrt	~11 h
12		▽5 ~1 h Speedskating-Fahrtspiel		◇3a 3 x 3 km Int. Speedskating		13 ~1:30 h Fettstoffwechsel-Lauf	11 ~2:30 h Ext. Radfahrt	~6 h

Die Wettkampfperiode

Die Wettkampfsaison im Speed-Skating erstreckt sich über mehrere Monate. Die Trainingsprogramme müssen genau auf den Wettkampfkalender abgestimmt werden, um gute Leistungen erbringen zu können. Für die richtige Gestaltung des Trainings sind sehr viel Erfahrung und Wissen erforderlich, denn das Training vor, nach und zwischen den Wettkämpfen hat unterschiedliche Ziele und Aufgaben. In bezug auf die Trainingsstruktur können vier typische Wochen unterschieden werden:

- Typ 1: **Trainingswoche**
- Typ 2: **Wettkampfwoche vor einem Wettkampf**
- Typ 3: **Wettkampfwoche nach einem Wettkampf**
- Typ 4: **REKOM-Woche nach einem Wettkampf**

Typ 1: Trainingswoche

Während der Wettkampfsaison werden Sie sinnvollerweise nicht an jedem Wochenende an Wettkämpfen teilnehmen. Es verbleiben viele Wochen für das Training. Das Training in diesen Wochen verfolgt prinzipiell zwei Ziele: die Ausprägung der Wettkampfleistung und die Stabilisierung der Leistungsfähigkeit auf hohem Niveau.

Trainingswochen am Anfang der Wettkampfsaison zielen auf eine Ausprägung der komplexen Wettkampfleistung. Hierzu sind hochintensive Trainingsprogramme erforderlich. Trainingswochen zwischen den Wettkämpfen oder nach einer Wettkampfserie zielen auf eine Stabilisierung bzw. Erhaltung der Leistungsfähigkeit. Dies erreichen Sie mit einer Mischung von extensiven unspezifischen Trainingsprogrammen und intensiven Speed-Skating-Programmen. Wieviel extensive und intensive Einheiten Sie in das Training integrieren, kann nicht generell festgelegt werden. Hierzu bedarf es einer differenzierten Trainings- und Wettkampfanalyse sowie Ihrer aktuellen Leistungsfähigkeit. Die Analyse kann beispielsweise ergeben, daß keine maximale Ausbelastung im Wettkampf erreicht wurde (nachweisbar durch relativ niedrige Wettkampfherzfrequenzen), so daß der Sportler nach dem Wettkampf das Gefühl haben kann, die Strecke in gleicher Geschwindigkeit nochmals bewältigen zu können. In einem solchen Fall müßte der Trainingsumfang reduziert und eventuell die Intensität mit den Programmen 4 bis 6 erhöht werden. Günstig ist meistens eine Kopplung zwischen kurzen hochintensiven Trainingseinheiten zur Entwicklung einer hohen muskulären Mobilisationsfähigkeit und extensiven Trainingseinheiten mittlerer Länge, in denen einige Antritte (30 m) und Tempowechsel (80 m) zur Stabilisierung der Leistung enthalten sind.

Typ 2: Wettkampfwoche vor einem Wettkampf

Die Belastungsstruktur des Mikrozyklus in der Woche vor einem Wettkampf sollte so angelegt werden, daß ein optimaler Superkompensationseffekt am Wettkampftag erreicht wird. Grundsätzlich gibt es hierzu zwei Gestaltungsvarianten:

1. Der letzte starke Belastungsreiz liegt in der Vorwoche. Danach wird die Trainingsbelastung bis zum Wettkampf kontinuierlich reduziert. Parallel dazu wird der Kohlenhydratanteil in der Nahrung bis auf 70 % erhöht. Diese Art der Vorbereitung ist

vor allem älteren Sportlern zu empfehlen, weil Sie sich langsamer von intensiven Reizen erholen können.

2. Die Woche wird in zwei Phasen geteilt. In der ersten Wochenhälfte steigen die Belastungen bis zu einem Höhepunkt am Mittwoch an. In Abhängigkeit von der Terminierung des Wettkampfes im Saisonverlauf kann die relativ starke Belastung in der Wochenmitte eine kurze wettkampfspezifische oder eine etwas längere extensive Trainingseinheit sein. Liegt der Hauptwettkampf am Anfang der Saison, so empfiehlt es sich, eine kurze wettkampfspezifische Belastung durchzuführen. Liegt der Hauptwettkampf hingegen am Ende der Saison und wurden bereits viele Wettkämpfe absolviert, so sollte am Mittwoch kein starker Trainingsreiz gesetzt werden und nach der ersten Variante trainiert werden.

Ziel beider Varianten ist es, einen maximalen Superkompensationseffekt am Wettkampftag zu erzielen. Diesen können Sie vor allem mit der 2. Variante durch eine besondere Ernährungs- und Trainingsgestaltung erreichen. Denn durch die Kombination von Training und spezieller Diät ist es möglich, die Glykogenspeicher von Leber und Muskulatur am Wettkampftag deutlich über das normale Niveau zu erhöhen. Dazu wird die Wettkampfwoche in eine Phase der reduzierten und eine Phase der vermehrten Kohlenhydratzufuhr unterteilt. Die Phase der reduzierten Kohlenhydrataufnahme (Dauer etwa 3 Tage) beginnt am Sonntag nach einer stark beanspruchenden Trainingseinheit. Der Kohlenhydratanteil verringert sich auf etwa 30 % an der Gesamtnährstoffzufuhr. Der Anteil der Proteine wird auf 30−35 % und der Anteil der Fette auf 25−30 % erhöht. Das Training wird in den folgenden Tagen bei mittlerer Belastungsdauer und -intensität fortgeführt, um eine weitere Ausschöpfung der Glykogenspeicher in Muskulatur und Leber zu gewährleisten. Nach einer letzten, etwas intensiveren Trainingseinheit in der Wochenmitte beginnt die kohlenhydratreiche und fettarme Phase (Dauer etwa 3 Tage), die durch einen sehr hohen Kohlenhydratanteil von 65−70 % an der täglichen Energieaufnahme gekennzeichnet ist. Um eine optimale Auffüllung der Glykogenspeicher zu sichern, ist außerdem eine ausreichende Kalium- und Flüssigkeitsaufnahme nötig. Es wird im regenerativen Bereich trainiert. Das Ziel dieser Maßnahmen ist es, die Glykogenspeicher über das Ausgangsniveau aufzufüllen.

Eine extremere Umstellung von kohlenhydratreicher auf protein- bzw. fettbetonte Kost, wie es in der «Saltin-Diät» vorgeschlagen wird, ist nicht zu empfehlen und kann eine Überforderung für das Verdauungssystem darstellen und einen psychisch labilen Zustand hervorrufen. Dies wirkt sich im Wettkampf leistungsmindernd aus.

Typ 3: Wettkampfwoche nach einem Wettkampf

Für Speed-Skater ergibt sich in der Saison oft die Situation, daß Wettkämpfe an mehreren Wochenenden hintereinander stattfinden. Eine stabile aerobe Leistungsfähigkeit ist die Voraussetzung, um mehrere Wettkämpfe in dichter Folge nacheinander ohne Leistungseinbruch realisieren zu können. Die Maßnahmen zwischen den Wettkämpfen zielen auf eine schnelle physische und mentale Regeneration mit anschließender Formzuspitzung. Dies erreichen Sie durch trainingsfreie Tage, unspezifische sportliche

Aktivitäten und kurzes intensives Speed-Skating mit langen Erholungsphasen (z. B. Fahrtspiel mit Sprints, Antritten, Steigerungen).

Typ 4: REKOM-Woche nach einem Wettkampf

Das Ziel in der Woche nach einem Wettkampf oder nach einer Wettkampfserie ist es, die Leistungsfähigkeit möglichst schnell wiederherzustellen und günstige Leistungsvoraussetzungen für die nachfolgenden Trainings- und Wettkampfbelastungen zu schaffen. Die Woche wird zweigeteilt: In der ersten Wochenhälfte stehen regenerative Maßnahmen wie Massagen, warmes Vollbad, genügend Schlaf sowie Kompensationstraining in anderen Sportarten im Vordergrund. In der zweiten Wochenhälfte können die Trainingsbelastungen bis zum Wochenende wieder ansteigen.

Wochenpläne: Wettkampfperiode

Woche	Montag	Dienstag	Mittwoch	Donnerstag	Freitag	Samstag	Sonntag	Umfang
Typ 1	[13] ~1 h Ext. Dauerlauf	(6a) 4 x (4 x ~50 m) Antritte/Starts	[2] ~2 h Ext. Speedskating		(4c) 15 km High-Speedskating	[11] ~2 h Ext. Radfahrt	[5] ~2 h Speedskating-Fahrtspiel	~10 h
Typ 2	[13] 45 min Ext. Dauerlauf		(4b) 10 x 200 m High-Speedskating		[2] ~1 h Ext. Speedskating	[1] ~30 min REKOM	Speedskating-Wettkampf (21/42 km)	~6 h
Typ 3	[1] ~30 min REKOM	[11] ~1:30 h Ext. Radfahrt	[5] ~1 h Speedskating-Fahrtspiel		[1] ~40 min REKOM	[1] ~30 min REKOM	Speedskating-Wettkampf (21/42 km)	~6 h
Typ 4	[1] ~30 min REKOM		[13] ~1 h Ext. Dauerlauf		(7a) ~1 h Ext. Powerskating	[5] ~1:30 h Speedskating-Fahrtspiel	[11] ~3 h Fettstoffwechsel-Radfahrt	~7 h
Variante Typ 1	(3a) 10 x 1 km Int. Speedskating	[13] ~1 h Ext. Dauerlauf	(6b) 4 x (4 x ~50 m) fliegende Sprints		[11] ~2 h Ext. Radfahrt	(7a) ~1:30 h Ext. Powerskaten	(4c) 15 km High-Speedskating	~8 h
Variante Typ 2	[13] ~45 min Ext. Dauerlauf	[2] ~1:30 h Ext. Speedskating	[5] ~1 h Speedskating-Fahrtspiel		[1] ~40 min REKOM	[1] ~30 min REKOM	Speedskating-Wettkampf (21/42 km)	~6 h

Der Wettkampf

Zum Wettkampf müssen Sie **rechtzeitig anreisen**, um hinreichend Zeit zum Kennenlernen der Wettkampfstrecke, zum Abholen der Startunterlagen, zum Aufwärmen und zur mentalen Vorbereitung zu haben. Um Störeinflüsse während eines Speedrennens zu minimieren, sollten Sie wissen, wo es bergauf und bergab geht, wo unebener Straßenbelag den Fahrrhythmus stört, wo sich Verpflegungsstationen befinden, an welcher Stelle Sie Ihr Partner oder Trainer anfeuert u.v.m.

Eine leichte Nervosität vor dem Wettkampf ist normal, ja sogar wünschenswert. Die zentralnervöse Aktivierung hat eine positive Wirkung auf die Leistungsbereitschaft und beeinflußt die für die Belastung notwendigen Stoffwechselprozesse günstig. Viele Sportler beklagen in der Nacht vor einem bedeutenden Wettkampf einen unruhigen, nervösen Schlaf. Die Erfahrungen zeigen jedoch, daß selbst bei einer schlaflosen Nacht gute Wettkampfleistungen zu erzielen sind, wenn Sie zwei Nächte vor dem Wettkampf ausreichend geschlafen haben. Am Wettkampftag sollten Sie auf keinen Fall etwas Neues, Ungewohntes ausprobieren. Dies gilt insbesondere für Ihre Ernährungsgewohnheiten, die Wahl des Materials und der richtigen Wettkampfbekleidung.

Vor dem Start müssen Sie sich **gut aufwärmen**, um die nötige Leistungsbereitschaft zu haben. Wenn Sie die Möglichkeit haben, skaten Sie sich etwa 20 Minuten locker ein und führen anschließend leichte Dehnübungen durch. Intensive Belastungen, die zu einer Erhöhung des Lactatspiegels führen, sind zu vermeiden.

Für die **Renneinteilung** gibt es verschiedene taktische Varianten. Entweder Sie orientieren sich ausschließlich an der eigenen Leistungsfähigkeit und nutzen zum Biofeedback ein Herzfrequenz-Meßgerät. Oder Sie konzentrieren sich mehr auf Konkurrenten und das Wettkampfgeschehen. Dazu müssen Sie taktisches Verhalten beherrschen. Es ist wichtig, daß Sie direkt nach dem Start eine Gruppe Ihrer Leistungsstärke finden. Verpassen Sie diesen Moment und müssen Sie Ihr Rennen alleine gestalten, so werden Sie keine Chance auf eine Ihrer Leistungsstärke entsprechende Plazierung haben. Aber auch in der Gruppe müssen Sie das Wettkampfgeschehen fortwährend konzentriert beobachten und entschlossen reagieren. Es gilt, Ausreißer einzufangen, Löcher zuzufahren, eigene Ausreißversuche zu starten, sich zur richtigen Zeit im Windschatten auszuruhen oder plötzlich auftretenden Hindernissen, wie z. B. Schlaglöchern oder gestürzten Athleten, auszuweichen.

Die **Verpflegung** vor und während des Wettkampfes hat einen unmittelbaren Einfluß auf die Wettkampfleistung. Neben der fettarmen, kalium- und kohlenhydratbetonten Kost in den letzten Tagen vor dem Wettkampf muß man für eine ausreichende Flüssigkeitszufuhr sorgen. Bei sommerlichen Temperaturen kann man unter Belastung von einem Schweißverlust von 1–1,5 Liter pro Stunde ausgehen. Ein Flüssigkeitsverlust von 4–5 % führt zu einer Dehydratation (Austrocknung) und in der Folge zu einer Verminderung der Leistungsfähigkeit. Ihr Körper reagiert erst mit einem Durstgefühl, wenn bereits ein leistungsmindernder Flüssigkeitsverlust eingetreten ist. Bei einer Wettkampfdauer über eine Stunde ist auf eine rechtzeitige und regelmäßige Flüssigkeitsaufnahme (isotonisches Getränk) zu achten. Es ist sinnvoll, alle 15–20 Minuten etwa 0,1 Liter zu trinken. Die letzte Mahlzeit sollte etwa 2–3 Stunden

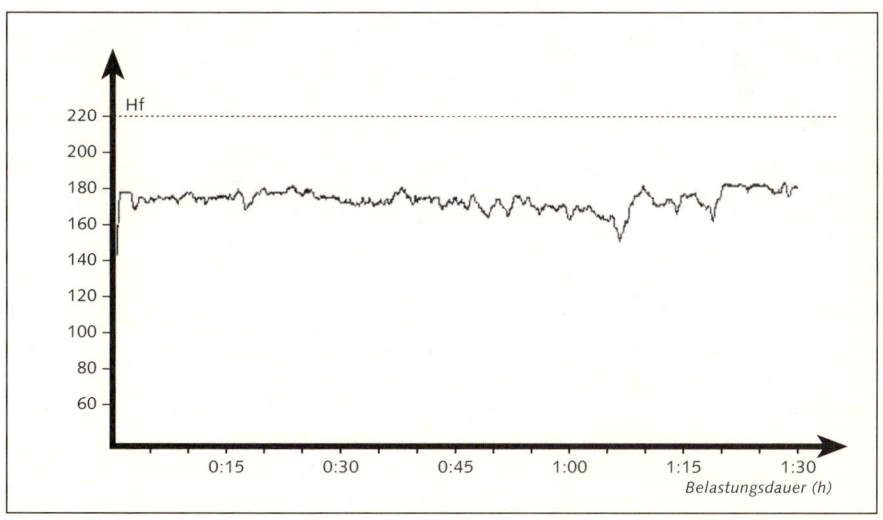

vor dem Wettkampf eingenommen werden. Am günstigsten sind leicht verdauliche Nahrungsmittel mit hohem Kohlenhydratanteil, an die Sie gewohnt sind. Nach dem Zieleinlauf ist der erschöpfte Organismus besonders infektanfällig. Wärmende Bekleidung und sofortiger Ausgleich des entstandenen Flüssigkeits- und Energiedefizits schützen das Immunsystem vor weiteren Reizeinwirkungen. Warme Bäder, Sauna und

Verlauf der Wettkampfherzfrequenz eines 32jährigen Speed-Skaters beim Kölner Inline-Skating-Marathon

Massage helfen darüber hinaus, die **Regeneration** einzuleiten und zu beschleunigen (s. S. 148 ff.). Das Training in den folgenden Wochen hat überwiegend regenerativen Charakter.

Die Übergangsperiode

Das Ziel der Übergangsperiode ist es, sich vom Trainings- und Wettkampfstreß zu lösen und Kraft und Motivation für ein weiteres Trainingsjahr zu schöpfen. Das Training wird drastisch reduziert. Sportliche Aktivitäten sollten natürlich nicht völlig aus dem Tagesablauf gestrichen werden, schon dem eigenen Wohlbefinden zuliebe. Allerdings dürfen die Skates ruhig mal für zwei/drei Wochen in der Ecke stehen. Andere sportliche Aktivitäten wie Radfahren, Ballspiele, Bergsteigen, Klettern etc. bringen Abwechslung und machen Spaß.

DEHNUNGSGYMNASTIK

Für eine geschmeidige, elastische und leistungsfähige Muskulatur müssen Sie sich regelmäßig dehnen. Ein Muskel ist nur dann voll funktionsfähig, wenn die erforderliche sportartspezifische Bewegungsamplitude ohne muskulären Widerstand ausgeführt werden kann. Nur durch ein gezieltes Dehnungsprogramm können Sie eine einseitige Beanspruchung Ihrer Muskulatur kompensieren. Dehnungsgymnastik ist zudem eine wirksame Prophylaxe gegen chronische muskuläre Verhärtungen und Verspannungen.

Generell unterscheidet man bei der Dehnung (Stretching) die Methoden des aktiv statischen und des passiv statischen Dehnens. Beim **aktiv statischen Dehnen** führen Sie die Dehnung eines Muskels (Agonist) ohne fremde Hilfe, d. h. nur durch die Muskelkraft des Gegenspielers (Antagonist), aus (z. B. Übung 4, S. 117). Beim **passiv statischen Dehnen** erfolgt die Dehnung durch äußere Kräfte. Beiden Methoden ist gemeinsam, daß die Bewegungen langsam und nicht ruckartig ausgeführt werden. Dehnen Sie so weit, bis Sie ein leichtes Ziehen im Muskel verspüren. In dieser Position verharren Sie etwa 10–20 Sekunden. Wiederholen Sie diesen Vorgang 2- bis 3mal. Dehnungsgymnastik nimmt senkenden Einfluß auf den **Muskeltonus**. Deshalb sollten Sie sich vor Wettkämpfen oder intensiven Intervallbelastungen nur kurzzeitig passiv dehnen oder sehr vorsichtig in die Dehnposition hineinfedern, um die Leistungsbereitschaft der Muskulatur nicht zu stark herabzusetzen. **Atmen** Sie bei allen Übungen ruhig und gleichmäßig, und achten Sie auf eine korrekte Übungsausführung. Konzentrieren Sie sich stets auf die zu dehnende Muskelgruppe bzw. Übung.

Ein typisches Dehnungsprogramm vor bzw. nach dem Training oder Wettkampf wird Ihnen nachfolgend vorgestellt. Der Schwerpunkt der Dehnungsübungen liegt auf den stark beanspruchten Muskelgruppen der Beine, des Beckengürtels und des Rumpfes. Alle Übungen können mit oder ohne Inline-Skates durchgeführt werden. Wenn Sie mit Skates üben, ist es für eine bessere Standfestigkeit angebracht, auf Rasenflächen zu gehen oder sich von einem Partner stützen zu lassen. Die Ausführungsqualität der Dehnung darf durch die Skates nicht beeinträchtigt werden.

Übungen

Vordere Oberschenkelmuskulatur
Übung 1:
In aufrechtem Einbeinstand greifen Sie einen Fuß mit der Hand und ziehen ihn langsam in Richtung Gesäß. Das Becken muß durch eine angespannte Gesäßmuskulatur aufgerichtet und der Rumpf durch Bauch- und Rückenmuskulatur stabilisiert sein (keine Ausweichbewegung des Beckens).

Alternativ:
Greifen Sie in Bauchlage einen Fuß mit beiden Händen, und ziehen Sie ihn langsam in Richtung Gesäß. Das Becken muß durch Anspannen der Gesäßmuskulatur auf der Unterlage fixiert werden. Vermeiden Sie ein Hohlkreuz.

Hintere Beinmuskulatur
Übung 2:
Aus mittlerer Schrittstellung setzen Sie sich leicht nach hinten ab, wobei das hintere Bein gebeugt und das vordere Bein gestreckt bleibt. Die Oberschenkel bleiben nebeneinander. Nun beugen Sie den geraden Oberkörper durch eine Kippung des Beckens nach vorne. Greifen Sie die vordere Rolle des Skates, und ziehen Sie den Fuß dosiert nach oben.

Alternativ:
Suchen Sie sich eine Erhöhung, auf der Sie ein gestrecktes Bein mit der Ferse auflegen können. Lehnen Sie nun den geraden Oberkörper durch eine Beckenkippung nach vorn.

Übung 3:
Setzen Sie sich mit aufgerichtetem Becken in den Strecksitz. Beugen Sie ein Bein und greifen den Skate. Versuchen Sie das angestellte Bein so weit wie möglich nach oben durchzustrecken.

Übung 4:
Greifen Sie in Rückenlage ein Bein im Kniegelenk. Ziehen Sie es gebeugt mit den Händen zur Brust, wo Sie es fixieren. Versuchen Sie nun, das Bein durch die Kraft des Kniestreckers (Gegenspieler) zu strecken. Dabei müssen Sie die Bauch- und Ge-säßmuskulatur anspannen und die Lendenwirbelsäule auf den Boden drücken.

*Vordere Hüftbeuge- und
Schienbeinmuskulatur*
Übung 5:
Rollen Sie in einen weiten Ausfallschritt, wobei die Hüfte nach vorne
unten gedrückt wird. Strecken Sie
das hintere Bein langsam im Kniegelenk so weit, bis auch der Fuß ganz
gestreckt ist und auf der ersten Rolle
oder den Zehen aufliegt. Die Hüfte
darf nicht nach oben ausweichen.

*Hintere Oberschenkel- und
Hüftbeugemuskulatur*
Übung 6:
Suchen Sie für diese Übung Halt,
damit die Bewegung dosiert ausge-
führt werden kann. Rollen Sie am
Ort mit gestreckten Beinen in einen
Ausfallschritt.
Sehr gelenkige und geübte Inline-
Skater können sich aus langsamer
Fahrt bis in den Spagat absenken.

Innere Beinabspreizer – Adduktoren
Übung 7:
Gehen Sie im Seitgrätschstand so in
die Hocke, daß Sie ein Bein zur Seite
spreizen können.
Damit Sie alle Adduktoren erreichen,
wird in drei Stellungen gedehnt:

• Sie legen den Fuß auf die Innenkante.

• Sie stellen den Fuß
des gestreckten Beines
auf die Ferse.

• Sie legen den Fuß
auf den Spann.

Übung 8:
Setzen Sie sich in aufrechter Körperhaltung auf den Boden (Brustbein anheben). Stellen Sie die Fußsohlen aneinander, und lassen Sie die Beine entspannt nach außen fallen. Zur Dehnungsverstärkung können Sie die Knie aktiv nach unten drücken.

Äußere Beinabspreizer – Abduktoren
Übung 9:
Setzen Sie sich mit überkreuzt gebeugten Beinen, und richten Sie das Becken aktiv auf. Versuchen Sie, die Knie und das Sitzbein möglichst weit nach unten zu drücken.
Die auf dem Foto gezeigte Position kann nur von sehr beweglichen Sportlern realisiert werden.

Alternativ:
Stellen Sie im Strecksitz den rechten Fuß auf die Außenseite des linken Knies. Umgreifen Sie das rechte Knie mit den Armen und ziehen es in Richtung Ihrer linken Schulter vor die Brust. Heben Sie das Brustbein an, um dadurch den Rumpf aufzurichten. Zur Dehnungsverstärkung können Sie das rechte Sitzbein etwas nach hinten schieben.

Seitliche Rumpfmuskulatur und äußere Beinabspreizer
Übung 10:
In Rückenlage legen Sie den linken Arm gestreckt im rechten Winkel neben den Körper. Dann stellen Sie das linke Bein auf und umfassen das linke Knie mit der rechten Hand. Zur Dehnung ziehen Sie nun das linke Knie nach rechts und drehen den Kopf nach links. Die Schultern sollten sich während der Verwringung nicht vom Boden abheben.

Gerader Rückenstrecker
Übung 11:
Aus dem aufrechten Stand rollen Sie den Oberkörper Wirbel für Wirbel ein. Lassen Sie dabei Kopf und Arme entspannt nach unten hängen. Zur Dehnungsverstärkung können Sie den Kopf dosiert in Richtung Hüfte ziehen.

Alternativ:
Aktiv statisches Dehnen: Bei leicht gebeugten Beinen neigen Sie den Oberkörper mit geradem Rücken nach vorn. Dabei sollten Sie die Arme aktiv so weit nach vorne strecken, daß Arme, Kopf und Rücken eine Linie bilden.

Großer Gesäßmuskel

Übung 12:

In Rückenlage umgreifen Sie ein Knie und ziehen es zur Brust. Drücken Sie das gestreckte Bein und die Lenden-wirbelsäule unter Anspannung von Bauch-, Rücken- und Gesäßmuskula-tur aktiv auf den Boden.

Deltamuskel

Übung 13:

Zur Dehnung des hinteren Teils des Deltamuskels greifen Sie den Oberarm des zu dehnenden Muskels, und ziehen Sie ihn zur Gegenschulter. Zur Dehnung der vorderen Anteile des Delta-muskels greifen Sie den gestreckten Arm am Unterarm hinter dem Rücken und ziehen ihn zur Gegenseite.

Schulterblattmuskulatur und Armbeuger
Übung 14:
Überkreuzen Sie die Hände hinter dem
Rücken, und neigen Sie den Oberkörper nach
vorne. Ziehen Sie die gestreckten Arme über
Kopf in Richtung Boden.

Brustmuskulatur
Übung 15:
Stellen Sie sich seitlich so zu einem Partner
oder zu einer Wand, daß Sie einen Arm in
Schulterhöhe fixieren und den Oberkörper
nach vorne drehen können.

Variation:
Fixieren Sie den Arm auch über und unter
der Schulterhöhe.

Armstrecker

Übung 16:

Halten Sie die Arme in Hochhalte. Führen Sie einen Unterarm hinter den Kopf, so daß die Hand des zu dehnenden Armes auf dem Schulterblatt liegt. Mit der anderen Hand greifen Sie den Ellenbogen und ziehen den Arm weiter nach hinten unten auf den Rücken.

Halsmuskulatur

Übung 17:

Seitliche Halsmuskulatur: Lassen Sie aus dem aufrechten Stand die Schultern entspannt nach unten hängen. Ziehen Sie mit einer Hand den Kopf zur Seite, ohne zu verdrehen. Sie können die Dehnung unterstützen, wenn Sie mit dem Gegenarm die Schulter aktiv nach unten ziehen.

Variationen:

Hintere Halsmuskeln: Greifen Sie den Kopf halbschräg von hinten, und ziehen Sie ihn vorsichtig diagonal nach vorne unten. Auch hier können Sie die Dehnung verstärken, indem Sie die Gegenschulter nach unten ziehen.

Kopfwender: Drehen Sie den Kopf weit über die Schultern nach hinten.

Rumpfmuskulatur
Übung 18:
Gehen Sie in den Kniestand, und stützen Sie sich mit den Händen dicht vor den Knien ab (die Finger zeigen entweder gerade nach vorne oder gerade nach hinten). Dann spannen Sie das Gesäß an, legen das Kinn auf die Brust und schieben die Brustwirbelsäule rund nach oben (Katzenbuckel). Danach nehmen Sie den Kopf ins Genick, strecken das Gesäß heraus und lassen den Rücken entspannt nach unten «durchhängen».

Entspannung: Entlastung der Wirbelsäule
Übung 19:
Hängen Sie sich an einer Reckstange aus.

Alternativ:
Stützen Sie sich mit den Ellenbogen auf einem Stuhl oder ähnlichem ab, und lassen Sie dann das Gesäß bei gebeugten Beinen entspannt nach unten hängen.

Entspannung: Droschkenkutschersitz
Übung 20:
Nehmen Sie eine entspannte Sitzposition ein, und lassen Sie die Arme und den Kopf locker hängen.

Alternativ:
Legen Sie sich entspannt auf den Rücken, wobei Hände und Füße locker nach außen fallen. Zur besseren Entspannung können Sie die Augen schließen.

KRAFTTRAINING

Muskeleinsatz beim Inline-Skating

Inline-Skating ist eine Kraftausdauersportart, die überwiegend die Streck- und Beugemuskulatur der Oberschenkel, die Ab- und Adduktoren, den Gesäßmuskel und die Rückenmuskulatur beansprucht. Krafttraining dient dem Leistungsaufbau, der Kompensation und der Prävention von Verletzungen und beugt muskulären Dysbalancen vor. Je höher die Leistungsfähigkeit eines Athleten ist, desto bedeutsamer wird das Krafttraining zur weiteren Leistungssteigerung. Neben dem Krafttraining der vortriebswirksamen Beinmuskulatur ist besonderer Wert auf die Ausprägung einer kräftigen Rumpfmuskulatur zu legen, um eine ausreichende Stabilität im Bewegungszyklus von Abdruck- und Gleitphase zu sichern. Der Rumpf ist ein wichtiges Widerlager für die auftretenden Kräfte während der Abdruckphase. In tiefer aerodynamischer Körperhaltung ist besonders die statische Kraftfähigkeit der Rumpfmuskulatur ein die Leistung limitierender Faktor. Die Kraft und die Formen der Kraft sind grundlegend für eine gute Technik.

Welche Kraftfähigkeiten Sie aufbauen müssen, steht in einem engen Zusammenhang zur Länge der bevorzugten Wettkampfstrecke. Sprint-Skater benötigen andere Kraftfähigkeiten als Langdistanz-Skater. Je kürzer die Wettkampfstrecke, desto bedeutsamer wird die Maximal- und Schnellkraftfähigkeit, je länger die Strecke, desto wichtiger die Kraftausdauer. **Maximalkraft** ist die höchstmögliche Kraft, die das Nerv-Muskel-System willkürlich entwickeln kann. Sie stellt zugleich die Basis für die **Schnellkraft** dar. Von **Kraftausdauer** spricht man bei lang andauernden Kraftleistungen, bei denen der Krafteinsatz 30 % der Maximalkraft übersteigt.

Die Ansprechbarkeit der Muskulatur auf Krafttrainingsreize ist bei jedem Sportler verschieden und hängt u. a. von der Muskelfaserverteilung (Anteil an schnell und langsam kontrahierenden Fasern) und dem hormonellen Status des Sportlers ab. So reagieren einige Sportler bei vergleichbarem Training stärker als andere auf ein Muskelaufbautraining mit einer starken Hypertrophie (Muskeldickenwachstum).

Arbeitsweisen der Muskulatur

Bei der Ausführung der nachfolgend beschriebenen Übungen ist die Arbeitsweise der Muskulatur unterschiedlich. Man unterscheidet drei Arbeitsweisen der Muskulatur:

- **dynamisch konzentrisch (überwindend)**, wenn z. B. der Oberschenkelmuskel (M. quadriceps femoris) den Körper bei der Kniestreckung in der Abdruckphase nach oben drückt,

- **dynamisch exzentrisch (nachgebend)**, wenn z. B. der Oberschenkelmuskel (M. quadriceps femoris) bei Sprüngen das Körpergewicht abfängt,
- **statisch isometrisch (haltend)**, wenn z. B. die Bauch- und Rückenmuskulatur während der aerodynamisch tiefen Körperhaltung den Körper stabilisiert.

Die Beinkraft wird überwiegend dynamisch konzentrisch und dynamisch exzentrisch entwickelt, die Rumpfkraft dagegen statisch isometrisch.

Kraftübungen

Rumpfkrafttraining ohne Geräte

Die Rumpfmuskulatur hat für das Inline-Skating folgende Funktionen zu erfüllen:

- **Widerlagerfunktion**, d. h., die Rumpfmuskulatur stabilisiert den Rumpf im Schrittzyklus, um Ausweichbewegungen zu reduzieren.
- **Kraftübertragungs- und Kopplungsfunktion**, d. h., die Rumpfmuskulatur koppelt und überträgt die in den Beinen entwickelte Kraft über Muskelschlingen vortriebswirksam.
- **Schutzfunktion**, d. h., eine kräftige Rumpfmuskulatur entlastet das passive Bewegungssystem, insbesondere die Wirbelsäule, und schützt im Sinne eines Muskelkorsetts vor Fehl- und Überbeanspruchungen. Eine chronische Fehlbelastung der Wirbelsäule kann eine ganze Reihe von Beschwerdebildern, wie Verspannungen und Verhärtungen der Muskulatur, Ischiasbeschwerden etc., hervorrufen.

Die Rumpfmuskulatur muß so kräftig und ermüdungswiderstandsfähig sein, daß sie die genannten Aufgaben und Funktionen über die gesamte Belastungsdauer einer Trainingseinheit oder eines Wettkampfes erfüllen kann. Die Kräftigungsübungen sollten Sie deshalb ganzjährig in Ihren Trainingsprozeß integrieren. Die Übungen können vor und nach einer Trainingseinheit durchgeführt werden. Stellen Sie sich aus den Übungen 1–12 ein kleines Programm zusammen, das Sie 2- bis 3mal wöchentlich etwa eine halbe Stunde lang oder aber täglich für 10 Minuten durchführen.

Durchführung der Übungen

Bei allen Übungen ist eine achsengerechte Belastung der Wirbelsäule sicherzustellen. Zu Beginn werden die Übungen statisch isometrisch ausgeführt, d. h., die Spannung im Muskel nimmt bei der Kontraktion zu, während die Länge des Muskels unverändert bleibt. Die Dauer der Kontraktion beträgt maximal 60 Sekunden bzw. nur so lange, wie Sie die korrekte Position halten können. Nach einer kurzen Entspannung werden die Übungen 3- bis 6mal wiederholt. In den ersten Wochen eines Rumpfkrafttrainings sollte der Schwerpunkt auf der Beuge- und Streckmuskulatur von Bauch und Rücken liegen. Erst danach werden Kraftübungen zur Kreuzkoordination in das Übungsprogramm aufgenommen. Wenn Sie über eine gute Rumpfkraft verfügen, können Sie dem Programm auch koordinativ anspruchsvollere dynamische Übungen hinzufügen. Der Schwierigkeitsgrad der jeweiligen Übung muß so gewählt sein, daß eine korrekte Bewegungsausführung bzw. Haltung sichergestellt ist.

Gerade Bauchmuskulatur
Übung 1:
Legen Sie sich auf den Rücken, und stellen
Sie die Füße auf. Fixieren Sie die Lenden-
wirbelsäule durch Anspannung der
Bauchmuskulatur auf dem Boden, und
ziehen Sie die Schulterblätter nach unten.
Heben Sie erst die gebeugten Beine, dann
Kopf und Schultern vom Boden ab.

Variation:
Den Oberkörper am Boden
fixieren und die Hüfte ohne
Schwungbewegung der Beine
vom Boden abheben.

Schräge Bauchmuskulatur
Übung 2:
Ausgangsstellung wie bei der Übung für
die geraden Bauchmuskeln. Schieben Sie
die gestreckten Arme an einer Seite des
Oberschenkels vorbei, oder drücken Sie
mit der linken Hand kräftig gegen das
rechte Knie und umgekehrt.

*Seitliche Rumpf-
muskulatur*
Übung 3:
Heben Sie in Seitlage
und Unterarmstütz die
Hüfte so weit vom
Boden ab, daß der
Körper durch Anspan-
nung der Rumpf-,
Gesäß- und Beinmusku-
latur eine Gerade bildet.
Ziehen Sie die Füße an,
und stützen Sie sie auf
den äußeren Rand des
unteren Fußes.

Variation:
Das obere Bein gestreckt
abspreizen.

Rücken- und Hüftstrecker
Übung 4:
Legen Sie sich mit gestreckten Armen und Beinen auf den Boden. Heben Sie die
gestreckten Beine oder den in Verlängerung der Wirbelsäule gehaltenen Kopf und die
Arme wenige Zentimeter vom Boden ab. Halten Sie die Spannung für mehrere
Sekunden.

Variation:
Heben Sie diagonal den linken Arm und das rechte Bein vom Boden ab. Die Hüfte
fixieren Sie durch Anspannung der Gesäßmuskulatur auf der Unterlage.

*Rumpfmuskulatur und
Hüftstreckmuskulatur*
Übung 5:
Legen Sie sich auf den
Rücken, und stützen Sie
sich auf die Unterarme.
Schieben Sie das Brust-
bein nach oben, spannen
Sie das Gesäß an, und
heben Sie den Körper so
weit vom Boden ab, daß er
eine Gerade bildet.

Variation:
Während der Ganzkörperspannung heben Sie Ihr rechtes und linkes Bein im
Wechsel wenige Zentimeter vom Boden ab.

*Rumpfmuskulatur und
Hüftstreckmuskulatur*
Übung 6:
Stellen Sie in Bauchlage
die Zehen auf den Boden,
und heben Sie aus dem
Unterarmstütz das Becken
so weit vom Boden ab, bis
der Körper gestreckt ist.
Heben Sie dann wechsel-
seitig das rechte und das
linke Bein wenige Zenti-
meter vom Boden ab.

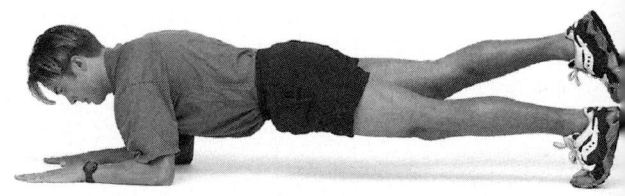

Variation:
Diagonal rechten Arm, linkes Bein und umgekehrt vom Boden abheben.

Rücken- und Gesäßmuskulatur
Übung 7:
Legen Sie sich mit dem Oberkörper
auf einen Kasten oder eine Bank, und
halten Sie sich mit den Händen fest.
Dann werden die Beine nach hinten
oben bis in die Horizontale gestreckt.
Ziehen Sie die Füße an, und achten Sie
darauf, daß der Rücken nicht über-
streckt ist.

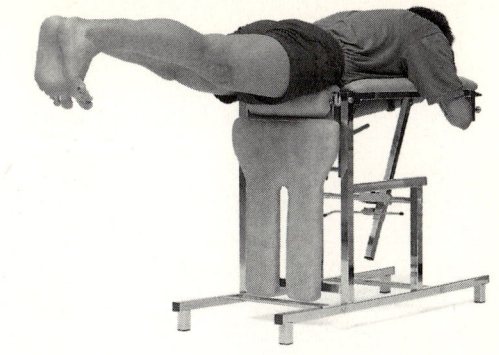

Variation:
Wechselseitig rechtes und linkes
Bein nach hinten strecken.

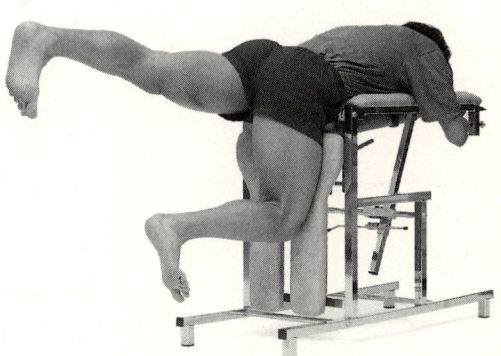

Hintere Schenkel-, Gesäß- und Rückenmuskulatur
Übung 8:
Legen Sie Becken und Beine bäuchlings auf einen Kasten. Fixieren Sie die Füße / Unterschenkel, lassen Sie sie eventuell von einem Partner festhalten. Rollen Sie dann
den nach unten hängenden Oberkörper Wirbel für Wirbel bis in die Waagerechte
auf. Halten Sie den Kopf in Verlängerung der Wirbelsäule, d. h., die Nasenspitze zeigt
nach unten. Überstrecken Sie nicht
den Rücken. Die Arme werden in U-
Halte (die Arme rechtwinklig im
Ellbogengelenk gebeugt) seitlich
neben dem Körper gehalten. Drücken
Sie die Schulterblätter zusammen.
Zusätzlich kann man den Rumpf
langsam und kontrolliert um seine
Längsachse (Wirbelsäule) rotieren.
Bei gutentwickelter Rumpfkraft
können Sie die Belastung durch
leichte Zusatzgewichte, die in den
Händen gehalten werden, erhöhen.

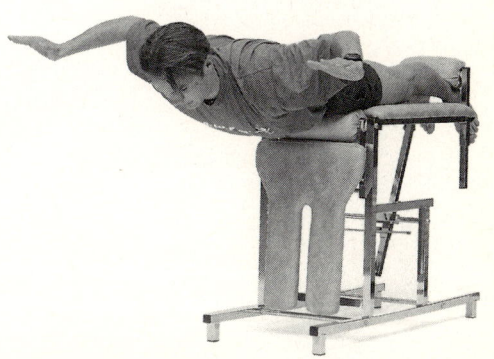

Rückenmuskulatur
Übung 9:
Setzen Sie sich mit gestreck-
ten Beinen auf den Boden,
und nehmen Sie die Arme in
Hochhalte. Heben Sie das
Brustbein an, und versuchen
Sie das Becken aufzurichten
(Becken nach vorn kippen).
Bei gleichmäßiger Atmung
halten Sie die Spannung.

Ganzkörperspannung
Übung 10:
Bauen Sie in Rückenlage eine Ganzkörperspannung auf, indem Sie die Zehen gegen
den Widerstand eines Partners nach unten drücken.

Rücken- und Gesäßmuskulatur
Übung 11:

Gehen Sie in die Bankstellung, und
strecken Sie den rechten Arm und
das linke Bein horizontal aus.
Halten Sie bei fixiertem Becken die
Spannung. Zur Entspannung bzw.
Dehnung führen Sie Knie und Kinn
zusammen und drücken den
Rücken rund nach oben.

Rücken- und Schultergürtelmuskulatur
Übung 12:
Aus der Bankstellung stützen Sie sich mit den Händen so weit vorne auf, daß Arme
und Rücken eine Linie bilden. Heben Sie dann wechselseitig eine Hand wenige
Zentimeter vom Boden ab.

Allgemeines Krafttraining an Geräten

Tips für die Trainingspraxis

Für das Krafttraining an Geräten sollten Sie einige wichtige Punkte beachten:

- Jede Krafttrainingseinheit beginnen Sie am besten mit einer allgemeinen Erwärmung, einer Dehnungsgymnastik sowie Übungen zur Rumpfkräftigung. Nach dem Krafttraining können Sie die beanspruchten Muskelgruppen dehnen.
- Die Kraftgeräte sind auf die Körperproportionen so einzustellen, daß die Drehpunkte der Geräte mit denen der Körpergelenke übereinstimmen.
- Machen Sie sich durch Gewöhnungs- und Imitationsübungen mit leichten Gewichten mit den Geräten und Techniken vertraut.
- Achten Sie immer darauf, daß Sie die Übungen achsengerecht ausführen, d. h., daß Sie die Gelenke nur in ihrer funktionellen Bewegungsrichtung belasten. Bsp.: Bei der Kniebeuge mit der Langhantel dürfen beim Beugen der Beine die Knie nicht nach innen oder außen ausweichen, sondern müssen exakt über die Zehen nach vorn gebeugt werden.
- Vermeiden Sie maximale Gelenkendstellungen (Knie- oder Ellbogengelenke nicht durchstrecken).
- Vermeiden Sie eine Rundrücken- oder Hohlkreuzhaltung. Entlasten Sie stets die Wirbelsäule, d. h., trainieren Sie nach Möglichkeit mit geradem Rücken unter aktiver Anspannung der Bauch-, Gesäß- und Rückenmuskulatur.
- Gerätetraining sollten Sie mit einem Partner durchführen. Der Partner hat zum einen die Aufgabe, bei schweren Lasten zu helfen und zu sichern, zum anderen kann er Ihre Haltung und die Bewegungsausführung beobachten und auf eventuelle Haltungsfehler hinweisen. Zur Haltungskontrolle kann auch ein Spiegel hilfreich sein.
- Keine Preßatmung beim Überwinden des Widerstandes! Konzentrieren Sie sich besonders auf eine ruhige und gleichmäßige Atmung. So vermeiden Sie extreme Blutdruckanstiege.
- Die Trainingsgewichte, Wiederholungszahlen und Serien, mit denen Sie trainieren, müssen sich immer an Ihrer aktuellen Belastbarkeit orientieren. Nur so ist gewährleistet, daß Bänder, Sehnen, Gelenke und Knochen des passiven Bewegungssystems vor Überlastungen sowie die Muskulatur vor Verletzungen geschützt ist.
- Es ist empfehlenswert, daß Sie die Muskelgruppen von Agonist und Antagonist in einem funktionell ausgewogenen Verhältnis trainieren, um muskuläre Dysbalancen zu vermeiden.
- Ein Gerätetraining sollte nicht nach einer ermüdenden Trainingseinheit durchgeführt werden. Die Muskulatur und die passiven Strukturen (Bänder, Sehnen und Gelenke) sind in ermüdetem Zustand verletzungsanfälliger.
- Sie können die Wirkrichtung Ihres Krafttrainings beeinflussen. Folgt nach einer Krafttrainingseinheit eine passive Regenerationsphase, wirkt der Kraftreiz am stärksten. Folgt unmittelbar auf das Gerätetraining ein kurzes Lauftraining mit intensiven Antritten, können positive Transfereffekte dazu beitragen, daß die Bewegungskoordination durch den Kraftzuwachs nicht negativ beeinflußt wird. Wird nach der Krafteinheit im REKOM-Bereich trainiert, ist die Regeneration beschleunigt. So

stört Sie das Krafttraining nicht bei folgenden Trainingseinheiten, büßt jedoch an Effektivität ein.

- Auf einen Maximalkrafttest können Sie verzichten. Die optimale Last läßt sich nicht nur aus dem maximalen Krafteinsatz, sondern auch anhand der Wiederholungen bei einer bestimmten Last ermitteln. Beim Anfänger geht man davon aus, daß bei 10 möglichen Wiederholungen eine Intensität von 50% zur Maximalleistung vorliegt. Jede Wiederholung weniger bedeutet eine etwa 5%ige Intensitätssteigerung.

Fuß- und Zehenmuskulatur
Übung 13: Zehengreifen und Balancieren
Greifübungen: Greifen Sie mit den Zehen einen Bleistift, ein Handtuch oder ähnliches. Balanceübungen: Stehen Sie barfuß im Einbeinstand auf weichem Untergrund (z. B. Sand oder Weichbodenmatte), und halten Sie die Balance. Schwieriger wird die Übung, wenn Sie in den Zehenstand gehen oder die Augen schließen.

Wadenmuskulatur
Übung 14: Fußstreckung (Plantarflexion)

Stellen Sie sich mit den Fußballen auf einen Absatz (Treppenstufe oder ähnliches), und senken Sie die Fersen langsam nach unten ab. Drücken Sie sich dann explosiv in den (Hoch-) Zehenstand. Damit Sie das Gleichgewicht besser halten können, suchen Sie sich etwas zum Festhalten.

Variationen:
Üben Sie einbeinig oder mit Zusatzgewichten wie Gymnastik-Sandsack, Gewichtsweste, Lang- oder Kurzhantel.

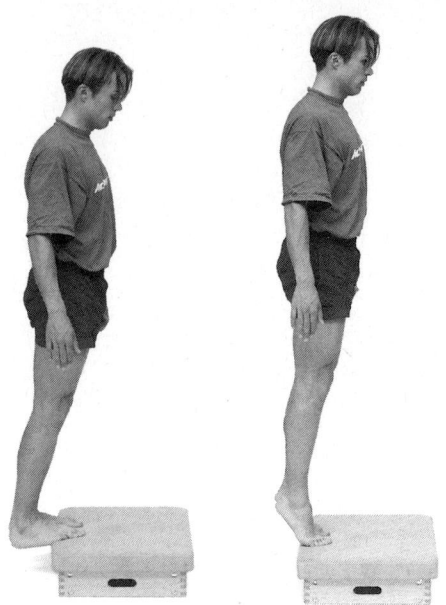

Schienbeinmuskulatur
Übung 15: Fußbeugung (Dorsalflexion)

Fixieren Sie im Strecksitz am Boden ein Zugseil / Deuserband / Theraband in Höhe der Zehengrundgelenke unter Spannung. Beugen und strecken Sie im Wechsel das Fußgelenk.

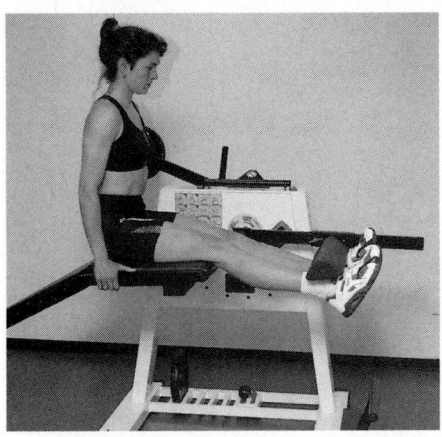

Vordere Oberschenkelmuskulatur
Übung 16: Kniestrecken am Beincurl
Isolierte Kniestreckübung am Beincurlgerät. Achten Sie darauf, daß die
Kniekehle direkt vorn an der Sitz-
fläche anliegt, sich also die Drehpunkte von Gerät und Knie decken. In der
Ausgangsstellung bilden Oberschenkel und Kniegelenk etwa einen 90°-
Winkel. Strecken Sie zügig Ihr Kniegelenk bis in die Waagerechte, und
führen Sie danach das Gewicht
langsam, kontrolliert und unter
Muskelspannung in die Ausgangsstellung zurück.

Variation:
Einbeinige Ausführung.

Hintere Schenkelmuskulatur
Übung 17: Kniebeugen am Beincurl
Legen Sie sich mit dem Bauch so auf
das Beincurlgerät, daß der obere Rand
der Kniescheibe vorn an der Auflage-
fläche anliegt, sich also Drehpunkt
von Kniegelenk und Gerät decken.
Beim Beugen des Unterschenkels
müssen Sie die Hüfte aktiv auf der
Unterlage fixieren (keine Hohlkreuzhaltung!). Beugen Sie zügig die
Unterschenkel in Richtung Gesäß,
und führen Sie in der Entspannungs-
phase die Last langsam, kontrolliert
und unter Muskelspannung bis zu
einer leichten Beugestellung im
Kniegelenk zurück.

Variation:
Einbeinige Ausführung.

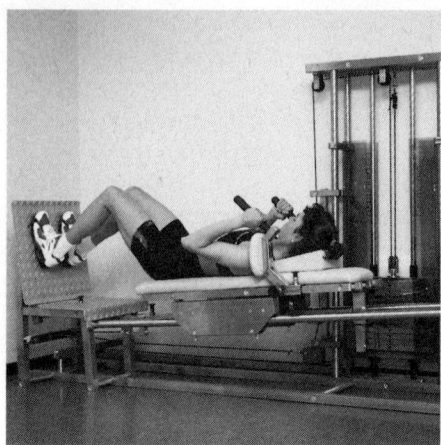

Beinstreckmuskulatur
Übung 18: Beinstrecken in der liegenden Beinpresse
Vor der Übung müssen Sie die Beinpresse so einstellen, daß das Kniegelenk in der Ausgangsposition etwa rechtwinklig gebeugt ist. Während der zügigen Streckung der Beine können Sie bei niedrigen Gewichten den Fuß zusätzlich auf die Zehen stellen. Achten Sie in der Endstellung darauf, daß es zu keiner vollständigen Streckung im Kniegelenk kommt (Verletzungsgefahr der Kreuzbänder). Danach führen Sie das Gewicht langsam und kontrolliert in die Ausgangsstellung zurück.

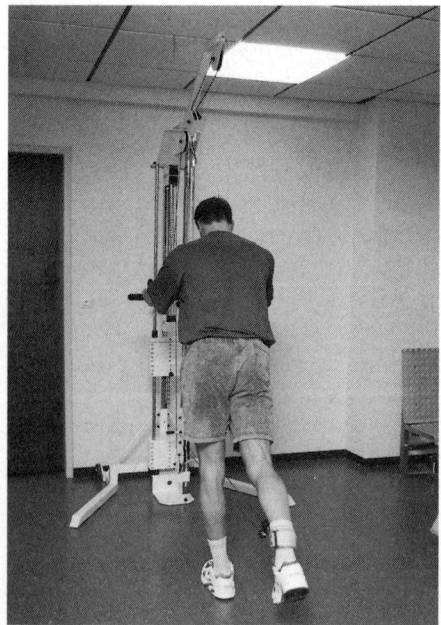

Hüftbeugemuskulatur
Übung 19:
Hüftstrecken an der Kraftmaschine
Bei dieser Übung müssen Sie einen Widerstand im Bereich der unteren Wade fixieren. Dann das gestreckte Bein langsam bis zur vollständigen Streckung in der Hüfte nach hinten führen. Bei einer zügig-schwungvollen Ausführung besteht die Gefahr einer Überstreckung im Bereich der Lendenwirbelsäule. Eine stabile Rumpfposition können Sie durch Festhalten unterstützen. Diese Übung können Sie auch mit einem Zugseil / Deuserband / Theraband ausführen.

Streck- und Beugeschlinge
Übung 20: Kniebeuge mit der Langhantel

Für diese Übung brauchen Sie Erfahrung und
eine starke Rumpfkraft. Ausgangsstellung: In
schulterbreitem Stand drehen Sie die Füße
leicht nach außen. Zur Entlastung der Achilles-
sehne sollte ein Keil unter den Fersen liegen.
Dann gehen Sie langsam und kontrolliert unter
Muskelspannung in die Hocke. Dabei die Fersen
nicht abheben. Je nach Leistungsfähigkeit und
Erfahrung mit der Übung können Sie den
Kniewinkel variieren. Bei der halben Kniebeuge
beträgt der Kniewinkel etwa 90°, bei einem
kleineren Kniewinkel spricht man von tiefer
Kniebeuge mit hohen Belastungen auf die
Patellarsehne. Beachten Sie unbedingt, daß die Knie exakt über den Zehen nach vorn
gebeugt werden und daß der Rücken während des gesamten Übungsverlaufes gerade-
gehalten wird. Aus der Beugestellung strecken Sie zügig die Beine.

Beinanzieher-Adduktoren
Übung 21: Beinanziehen

Spreizen Sie ein Bein seitlich ab und führen es dann gegen einen Widerstand (Deu-
ser- oder Theraband) zügig an das Standbein heran. Stabilisieren Sie die Hüfte und
vermeiden Sie Ausgleichsbewegungen. Diese Übung können Sie auch mit einem
Krafttrainingsgerät durchführen.

Beinabspreizer-Abduktoren
Übung 22: Beinabspreizen

Spreizen Sie ein Bein bis etwa 45° seitlich gegen einen Widerstand (Deuser- oder
Theraband) ab. Sie müssen das Standbein, die Hüfte und den Rumpf stabilisieren,
um Ausgleichsbewegungen zu vermeiden. Auch diese Übung können Sie an einem
Krafttrainingsgerät durchführen.

Rücken, Schulter, Armmuskulatur
Übung 23: Klimmzüge

Klimmzüge sollten Sie frei hängend mit Ganzkörperspannung ausführen. Die Unterschenkel können gegebenenfalls angebeugt und überkreuzt werden. Im Ristgriff
(Handflächen zeigen vom Körper weg) ziehen Sie sich bis in Kinnhöhe nach oben.

Variation:

Klimmzüge können in unterschiedlich breiten Griffhaltungen ausgeführt werden.
Eine enge Griffhaltung kräftigt vor allem die Arme, ein weiter Griff vor allem den
Trapezius.

Variation:
Klimmzüge im Kammgriff (Handflächen zeigen zum Körper) ausführen.

Armbeuge- und Schultergürtelmuskulatur
Übung 24: Armbeugen beim Bankziehen:
Legen Sie sich bäuchlings so auf eine
Bank, daß Sie eine Langhantelstange
mit gestreckten Armen schulterbreit
greifen können. Beugen Sie dann die
Unterschenkel an, und fixieren Sie die
Hüfte auf der Unterlage, indem das
Gesäß angespannt wird. Halten Sie den
Kopf in Verlängerung der Wirbelsäule;
die Nasenspitze zeigt nach unten. Das
Gewicht während des Ausatmens bis
unter die Bank ziehen. Dann das Ge-
wicht langsam, kontrolliert unter
Muskelspannung wieder nach unten
absenken.

Schulter-, Brustmuskulatur, Armstrecker
Übung 25: Armstrecken beim Bankdrücken
Legen Sie sich rücklings auf eine Bank
(vorzugsweise eine Hantelbank mit
Auflagevorrichtung für die Hantelstan-
ge). Heben Sie die Beine rechtwinklig
an, oder stellen Sie die Füße auf eine
am Fußende quergestellte Bank seitlich
auf. So werden unphysiologische
Belastungen im Bereich der Lendenwirbelsäule vermieden. Dann senken Sie
das Gewicht langsam, kontrolliert unter
Muskelspannung bis zur Brust ab. Nach
einer kurzen Pause (< 0,5 s) drücken
Sie das Gewicht bei gleichzeitiger
Ausatmung zügig nach oben, wobei das
Ellenbogengelenk nicht ganz durchge-
streckt wird.

Variation:
Übung mit Kurzhanteln ausführen.

Spezifisches Beinkrafttraining ohne Geräte

Diese spezielle Trainingsform entwickelt die spezifische Beinkraft. Das **Sprungkraft-
und Imitationstraining** wird anfangs mit wenigen Wiederholungen und Serien in
langsamer bis mittlerer Bewegungsgeschwindigkeit durchgeführt. So verhindern Sie
in den ersten Trainingseinheiten eine Überbeanspruchung von Muskeln, Bändern
und Gelenken. Steigern Sie sehr allmählich den Belastungsumfang, da bei diesen Spe-
zialübungen die Beanspruchungen auf das gesamte Stütz- und Bewegungssystem
außerordentlich hoch sind. Alle Übungen verlangen höchste Konzentration. Sie dürfen die Übungen nur im regenerierten Zustand und nach einer guten Erwärmung beginnen. Verlängern Sie gegebenenfalls die Pausen zwischen den Serien, um eine korrekte Bewegungsausführung auch bei der letzten Wiederholung sicherzustellen.

Beachten Sie bei der Ausführung einiger Übungen, daß der Beinabdruck stets mit
einer Drehung bzw. Verlagerung des Rumpfes nach vorn (Körperschwerpunkt über
das Standbein) sowie einem Schwungbeineinsatz und einer vollständigen Streckung
des Abdruckbeines verbunden ist. Beim Erlernen und Konditionieren dieser Techniken ist die Mithilfe eines Trainers vorteilhaft.

Übung 26: Gehen und Laufen in tiefer Skating-Position

Achten Sie auf eine achsengerechte Bewegungsausführung, und vermeiden Sie ein
seitliches Ausweichen im Kniegelenk. Verlagern Sie den Körperschwerpunkt (KSP)
gleichzeitig mit dem Schritt auf das vordere Bein. Der Kniewinkel des vorderen
Beines beträgt etwa 90°.

Übung 27: Raumgreifende Seitschritte

Drücken Sie sich in der tiefen Skating-Position jeweils vom Standbein bis zur vollständigen Beinstreckung ab.

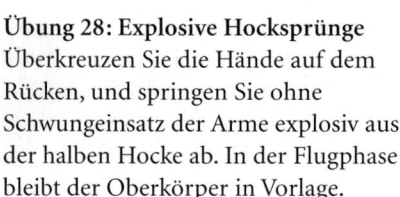

Übung 28: Explosive Hocksprünge

Überkreuzen Sie die Hände auf dem Rücken, und springen Sie ohne Schwungeinsatz der Arme explosiv aus der halben Hocke ab. In der Flugphase bleibt der Oberkörper in Vorlage.

Übung 29: Ausfallschritte vor-seitwärts

Sie können die Ausfallschritte in unterschiedlicher Frequenz durchführen:
langsam etwa 45 Schritte / min, mittel etwa 75 Schritte / min und schnell etwa 100 Schritte/ min. Bei der langsamen Bewegungsausführung können Sie sich mit den Händen auf dem nach vorne ausgestellten Bein abstützen.

**Übung 30: Ausfallschritte vor-seitwärts
mit Rumpfdrehung zum Stützbein**
Führen Sie den rechten Ellenbogen über
den linken Fuß und umgekehrt.

**Übung 31: Ausfallschrittsprünge vorne
überkreuz**
Sie setzen in der tiefen Skating-Position
vorne über, während Sie die Arme auf
dem Rücken verschränkt halten.

**Übung 32: Seitsteps mit nach hinten
abgespreiztem Bein und Abdruck zur Schwungbeinseite**
Stellen Sie das rechte Bein als Standbein in der halben Hocke (Kniewinkel 90°) nach
vorne aus. Spreizen Sie das linke Bein als Schwungbein seitlich nach hinten ab.
Führen Sie nun das Schwungbein mit einer Gewichtsverlagerung des Rumpfes
(KSP über das Standbein) nach vorne an das Standbein heran. Stoßen Sie sich dann
vom Standbein kräftig nach vorne-seitwärts ab und umgekehrt.

Übung 33: Seitsteps mit nach hinten gekreuztem Schwungbein und Abdruck zur Schwungbeinseite

Stellen Sie das rechte Bein als Standbein in der tiefen Skating-Position (Kniewinkel 90°) vorne aus. Das linke Bein steht als Schwungbein überkreuz dahinter. Mit einer Gewichtsverlagerung nach vorne stoßen Sie sich kräftig vom Standbein nach vorne links ab und umgekehrt.

Übung 34: Seitsteps mit nach hinten gekreuzter Schwungbeinstellung und Abdruck zur Standbeinseite.

Wie in Übung 32 stellen Sie das Standbein (z. B. linkes Bein) in halber Hocke vorne aus, kreuzen Sie das Schwungbein dahinter. Drücken Sie sich dann mit einer KSP-Verlagerung über das Standbein nach vorne links zur Standbeinseite ab und landen auf dem rechten Bein und umgekehrt.

Krafttrainingsprogramme

KT₁ Kraftcircuit zur Gewöhnung an das Gerätetraining

Es hat sich bewährt, zu Beginn der allgemeinen Vorbereitungsperiode mit einem die Muskulatur und auch das Herz-Kreislauf-System belastenden Kreis- bzw. Circuittraining für die allgemeine Fitneß und Kraftausdauer zu beginnen.

Durchlaufen Sie einen Parcours mit 8–10 Stationen mehrmals. An jeder Station üben Sie anfangs 30 Sekunden, später bis zu 2 Minuten mit einer Last, die etwa 30–50 % Ihrer Maximalkraft entspricht. Die Pause nach jeder Übung beträgt maximal 60 Sekunden, nach jeder durchlaufenden Runde etwa 5 Minuten. Zur Gewöhnung an das Krafttraining sind zwei Durchgänge ausreichend.

Beispiel
Übungen: 7, 1, 20, 17, 5, 6, 21, 22, 8, 23

KT₂ Kraftausdauertraining an Geräten

Nachdem Sie Ihre allgemeine Fitneß und Belastbarkeit durch das Circuittraining erhöht haben, können Sie mit einem Stationstraining für die Kraftausdauer beginnen.

Je nach Zielsetzung kann in einer Trainingseinheit an bis zu 10 Stationen trainiert werden. Im Unterschied zum Kraftcircuit führen Sie an einer Station erst alle Sätze aus, bevor Sie zur nächsten Station wechseln. Bei 3–8 Sätzen sollten Sie das Gewicht so wählen, daß Sie mindestens 20 Wiederholungen bei zügiger Bewegungsausführung realisieren können. Dies entspricht etwa 30–50 % Ihrer Maximalkraft. Die Satzpause beträgt 2–3 Minuten.

Beispiel

Station 1:	Übung 7:	Rücken und Gesäßmuskulatur
Station 2:	Übung 1:	Gerade Bauchmuskulatur
Station 3:	Übung 18:	Beinstrecken in der liegenden Beinpresse
Station 4:	Übung 17:	Kniebeugen am Beincurl
Station 5:	Übung 19:	Hüftstrecken an der Kraftmaschine
Station 6:	Übung 21:	Beinanziehen
Station 7:	Übung 22:	Beinabspreizen
Station 8:	Übung 14:	Fußstreckung
Station 9:	Übung 24:	Armbeugen beim Bankziehen
Station 10:	Übung 8:	Hintere Schenkel-, Gesäß- und Rückenmuskulatur

KT₃ Muskelaufbautraining an Geräten

Das Muskelaufbautraining wird nach der gleichen Organisationsform wie das KT₂-Training durchgeführt. Sie erhöhen jedoch das Gewicht auf 65–85 % Ihrer Maximalkraft und reduzieren die Anzahl der Wiederholungen auf 8–15 bei zügiger Bewegungsausführung. Pro Station trainieren Sie eine Muskelgruppe 3- bis 6mal, wobei Sie die Pausenzeit auf 3–5 Minuten verlängern. Bei der Übungsreihenfolge schlagen wir

Ihnen vor, mit den mehrgelenkigen Übungen zu beginnen. Vor dem speziellen Muskelaufbautraining ist es empfehlenswert, die Rumpfmuskulatur spezifisch zu trainieren.

Beispiel

Station 1:	Übung 1:	Gerade Bauchmuskulatur
Station 2:	Übung 7:	Rücken- und Gesäßmuskulatur
Station 3:	Übung 8:	Hintere Schenkel-, Gesäß- und Rückenmuskulatur
Station 4:	Übung 20:	Kniebeuge mit der Langhantel
Station 5:	Übung 18:	Beinstrecken in der liegenden Beinpresse
Station 6:	Übung 17:	Kniebeugen am Beincurl
Station 7:	Übung 21:	Beinanziehen
Station 8:	Übung 22:	Beinabspreizen
Station 9:	Übung 19:	Hüftstrecken an der Kraftmaschine

KT$_4$ Sprungkrafttraining und Imitationsübungen

Dieses spezielle Krafttrainingsform entwickelt die spezifische Beinkraft. Sprung- und Imitationsübungen in ein- oder beidbeiniger Ausführung auf der Stelle (z. B. Seilspringen), in der Vorwärts- oder der Seitwärtsbewegung (z. B. Ausfallschritte, Seitsteps) sollten erst zur Anwendung kommen, wenn Sie Ihre allgemeine Belastbarkeit erhöht haben. Beachten Sie dazu auch die Hinweise auf Seite 141.

Seilspringen

Je nach Leistungsfähigkeit können Sie in einer Trainingseinheit 2–4 Durchgänge mit einer Serienpause von mindestens 5 Minuten absolvieren. Führen Sie jede Übung 3- bis 6mal über eine Dauer von 30–60 Sekunden bzw. über eine Strecke von etwa 20 m durch. Beim Zurückgehen lockern Sie die beanspruchte Muskulatur.

Beispiel

Aufgabe 1:		Seilspringen
Aufgabe 2:	Übung 26:	Gehen und Laufen in tiefer Skating-Position
Aufgabe 3:	Übung 27:	Raumgreifende Seitschritte
Aufgabe 4:	Übung 29:	Ausfallschritte vor-seitwärts
Aufgabe 5:	Übung 30:	Ausfallschritte vor-seitwärts mit Rumpfdrehung zum Stützbein
Aufgabe 6:	Übung 31:	Ausfallschrittsprünge vorn überkreuzt
Aufgabe 7:	Übung 32:	Seitsteps mit nach hinten abgespreiztem Bein und Abdruck zur Schwungbeinseite
Aufgabe 8:	Übung 34:	Seitsteps mit nach hinten gekreuztem Schwungbein und Abdruck zur Standbeinseite
Aufgabe 9:	Übung 28:	Explosive Hocksprünge
Aufgabe 10:		Einbeiniges Hüpfen mit rechter (linker) Hand am Boden

KT$_5$ Komplexes Motoriktraining

Mit dem komplexen Motoriktraining sollen Sie in einer Trainingseinheit koordinative und konditionelle Fähigkeiten mit und ohne Skates trainieren.

Folgende Inhalte können in einer solchen Trainingseinheit angesprochen werden:

- Schnelligkeit: Antritte, Sprints und Steigerungen mit und ohne Skates
- Allgemeine Schnellkraftübungen: Hock-, Schluß-, Streck- und Niedersprünge
- Spezielle Schnellkraftübungen: Imitationsübungen (s. KT$_4$)
- Schnelligkeitsausdauer: mit und ohne Skates: z. B. Minutenläufe
- Spiele wie Badminton, Hockey oder Basketball

Beispiel

Aufgabe 1:	Aufwärmen durch lockeres Laufen
Aufgabe 2:	Dehnungsgymnastik
Aufgabe 3:	3–5 Steigerungsläufe über 50–80 m
Aufgabe 4:	3–5 Antritte und Sprints über 20 m
Aufgabe 5:	10–15 min Inline-Hockey
Aufgabe 6:	Spezielle Sprungkraftübungen (z. B. 5 Übungen aus dem spezifischen Beinkrafttraining in 3–5 Serien)
Aufgabe 7:	15–20 min Inline-Hockey
Aufgabe 8:	Cool-down durch lockere Dehnungsgymnastik

REGENERATION

Regeneration ist ein aktiver Prozeß, der sich gleichermaßen auf Körper und Geist auswirkt. Wie Sie die Regeneration gestalten, ist abhängig von der Art der vorausgehenden sportlichen Belastung, vom Trainingszustand, von Ihrem Alter, vom psychisch-emotionalen Zustand und Ihrem sozialen Umfeld. Regeneration hat nicht nur zum Ziel, die Müdigkeit nach Training und Wettkampf zu beseitigen, sondern die funktionelle Ausgangslage im psychisch-physischen Bereich zu verbessern. Die Qualität der Regenerationsgestaltung entscheidet über die Art der Reizverarbeitung und über die Dauer der Wiederherstellung. Je schneller Sie regenerieren, desto früher können Sie sich einem neuen Belastungsreiz aussetzen.

Im folgenden wollen wir Ihnen einige Möglichkeiten zur Entspannung und Regeneration vorstellen. Je nach persönlicher Neigung und geistig-körperlicher Verfassung sollten Sie unterschiedliche Verfahren einsetzen. Diese sind nicht unabhängig voneinander, sondern beeinflussen sich gegenseitig und dürfen nicht wahllos nach dem Motto «mehr ist besser» angewendet werden. Vielfach ist es auch wichtig, dem Organismus Zeit zu geben, auf den Trainingsreiz zu reagieren. So kann beispielsweise der Reiz eines Krafttrainings durch Maßnahmen, die den Muskeltonus zu stark herabsetzen, gemindert werden.

Cool-down mit Lockerungs- und Dehnungsgymnastik

Am Ende einer jeden Trainingseinheit wird die Regeneration durch Abwärmen (Cooldown) eingeleitet. Ihre erhöhten Körperfunktionen werden beruhigt und Stoffwechselendprodukte abgebaut. Dazu skaten Sie mit niedriger Intensität im REKOM-Bereich und lockern und dehnen die stark beanspruchten Muskelgruppen (Dauer: mindestens 10 Minuten).

Ausgleich des Flüssigkeits- und Energiedefizits

Sofort im Anschluß an die körperliche Aktivität sollten Sie das entstandene Flüssigkeits- und Energiedefizit, auch ohne Durst- oder Hungergefühl, ausgleichen. Wir empfehlen Ihnen kalte isotonische und mineralhaltige Getränke (Apfelsaftschorle), die schnell vom Körper aufgenommen werden können. Alkoholische Getränke als primärer Durstlöscher sind zu vermeiden, da Alkohol die anabolen (aufbauenden) Prozesse in der Erholungsphase beeinträchtigt und dadurch die Leistungsentwicklung hemmt. Zum Auffüllen der Energiespeicher sollten Sie eine kohlenhydratreiche Kost zu sich nehmen.

Wärmeanwendungen

Alle hier vorgestellten Wärmeanwendungen sollten Sie nur bis zwei Tage vor einem Wettkampf anwenden. Der gesenkte Muskeltonus und die Form der Stoffwechselbeanspruchung hätten einen negativen Einfluß auf Ihre Leistungsfähigkeit. Bei akuten Erkrankungen mit Fieber und Entzündungen oder grippalen Infekten dürfen Sie keine Wärme anwenden.

Entmüdungsbäder

Entmüdungsbäder, als Teil- oder auch Vollwasserbäder, beeinflussen die Regeneration positiv. Sogar relativ heiße Bäder, die den Kreislauf zusätzlich belasten, sind entspannend für Körper und Geist. Die durchdringende Wärme hilft Ihrem Körper bei der Verarbeitung von Stoffwechselendprodukten und steigert die allgemeine Durchblutung. Bei einer Wassertemperatur von unter 40 °C sollte ein Vollbad etwa 20 Minuten dauern. Nach dem Bad packen Sie sich warm ein, und ruhen Sie sich für etwa 30 Minuten aus.

Entspannungsduschen

Für den Kreislauf weniger belastend, aber gleichermaßen sehr entspannend ist ein heißes Duschbad. Sie können auch je nach Wohlbefinden im Wechsel heiß und kalt duschen. Neben der spürbar entspannenden Wirkung sagt man dem Wechselduschen auch noch einen Abhärtungseffekt nach.

Sauna

Sauna ist aus dem Sportleralltag nicht mehr wegzudenken. Nicht Anzahl oder Dauer der Durchgänge, sondern einzig persönliches Wohlbefinden ist beim Saunieren entscheidend. Ein Saunabesuch kann 3 bis 4 Durchgänge mit je 8 bis 15 Minuten betragen. Nach jedem Durchgang sollten Sie sich an der frischen Luft abkühlen, erst danach kalt abduschen oder in kaltes Wasser eintauchen. Es folgt eine Erholungsphase im Ruheraum. Den entstehenden Wasserverlust durch das Schwitzen müssen Sie unmittelbar danach ausgleichen. Wollen Sie direkt nach dem Training in die Sauna gehen, sollten Sie sich mit einem Durchgang begnügen.

Fangopackungen und Moorbäder

Diese Warmanwendungen über 15 bis 20 Minuten haben einen stark hyperämisierenden (durchblutungsfördernden) Effekt durch ihre Eigenschaft, viel Wärme auf einen lokal begrenzten Bereich zu übertragen. Die Wärmebildung löst muskuläre Verspannungen und beschleunigt den Stoffwechsel. Stoffwechselendprodukte werden so schneller abgebaut.

Massage

Für alle Leistungssportler ist der Gang zum Masseur / Physiotherapeuten eine Selbstverständlichkeit. Aber auch jeder Sportler, der regelmäßig trainiert und an Wettkämpfen teilnimmt, sollte eine Massage nutzen, um seine volle persönliche Leistungsfähigkeit zu erhalten. Weiterhin unterstützt die Massage den Regenerationsprozeß und kann bei regelmäßiger Anwendung prophylaktisch vor muskulären Dysbalancen, Überlastungen, Muskelverhärtungen und -verspannungen schützen.

Die Wirkungsbreite einer Massage ist äußerst groß. Muskulatur, Sehnen, Bänder, Gelenke und das Blut- und Lymphsystem werden positiv beeinflußt. Die nicht selten schmerzhaft verspannte Muskulatur wird gelockert, der Muskeltonus des erschlafften Muskels deutlich verbessert. Im Bereich der Sehnen, Bänder und Gelenke wird der geringe und langsam verlaufende Stoffwechsel angeregt. Auch Flüssigkeitsansammlungen (Schwellungen) im Bereich der Gelenke können sich zurückbilden. Der Blutkreislauf wird beschleunigt und der Stoffwechsel aktiviert.

Auf das Nervensystem wirkt eine Massage mit einer Änderung der Erregungs- und Hemmungsprozesse. Direkt im Anschluß an eine Massage ist das Erregungsniveau gehemmt, nach einigen Stunden jedoch deutlich erhöht, so daß Ihre Leistungsbereitschaft und -fähigkeit deutlich gesteigert sind.

Allgemein unterscheidet man die Trainingsmassage von der Vorwettkampfmassage. Die Vorwettkampfmassage hat ausschließlich lockernden Charakter für die Muskulatur und soll die Elastizität und den Tonus erhöhen. Günstig ist es, nach dem Aufwärmen, eine halbe Stunde vor dem Start, die Muskulatur für 5 bis 10 Minuten zu lockern. Zwischen Ganzkörpermassage und Wettkampf sollten mindestens 8 Stunden liegen. Bei starker Beinbehaarung sollten Sie die Beine rasieren, um einer möglichen Haarwurzelentzündung vorzubeugen. Für die Massage verwenden Sie Öle, die die Poren der Haut nicht verstopfen. Wählen Sie für die Vorwettkampfmassage einen erfahrenen und einfühlsamen Masseur, dann hat die Massage neben den zahlreichen physischen Wirkungen auch eine positive Wirkung auf Ihre Psyche. Nervosität und psychische Spannungszustände, wie sie beispielsweise vor Wettkämpfen nicht selten sind, können reduziert oder abgebaut werden, sei es auch nur, weil die Seele ein wenig mit‹gestreichelt› wurde.

Elektronische Massagegeräte
Zur ‹Selbstbehandlung› sehr geeignet sind Massagegeräte, die im TENS- (Transcutane elektrische Nervenstimulation) und Schwellstrombereich arbeiten, wie beispielsweise das Gerät ‹Accusport Relax›. Dabei werden rhythmische Impulse mit unter-

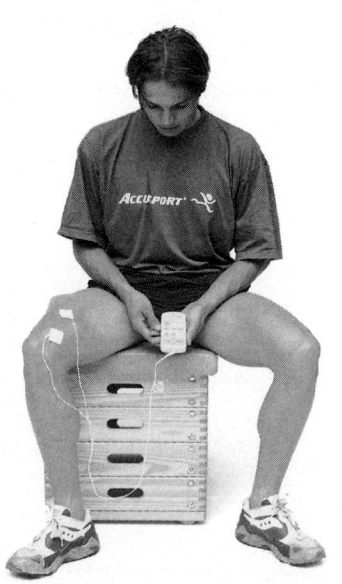

**Massagegerät im
Taschenkalenderformat**

schiedlichen Frequenzen und Amplituden auf einzelne Nerven- und Muskelfasern gegeben. Modernste Elektronik erlaubt es, elektrische Signale so zu formen, daß der Ein-
druck von Klopfen und Kneten der Muskulatur entsteht. Damit können Sie Ihre Muskulatur lockern, eine verbesserte Durchblutung von Haut und Muskulatur erreichen
und bei Muskelschmerzen diese deutlich lindern.

Kälte- und Eisanwendungen

Der Kältereiz kurzer Teilbäder in lauwarmem oder kaltem Wasser hilft dem Körper,
vor allem bei hohen Temperaturen, Wärme abzugeben. Außerdem wirkt der Kältereiz
abschwellend auf belastete Gelenke. Nach dem Bad sollten Sie sich in Decken warm
einpacken und etwa 30 Minuten ruhen.

Eisanwendungen können Sie nutzen, um Schwellungen im Bereich der Gelenke zu
reduzieren und die Regeneration stark belasteter Muskelgruppen zu beschleunigen.
Dazu werden auf die betroffenen Körperpartien Eispackungen aufgelegt, oder sie
werden mit Eis abgerieben. Die Dauer einer Eisbehandlung darf 7 Minuten nicht
überschreiten. Mit der Kälteanwendung weicht das Blut aus der Haut wieder in die
Muskulatur zurück, Stoffwechselendprodukte werden schneller beseitigt und die Regeneration beschleunigt. Bei punktuellem Eiskontakt sollten Sie ein feuchtes Tuch
zwischen Haut und Eis legen, um Hautschädigungen zu vermeiden.

Solarium

Bei Nutzung eines Solariums sind die Herstellerempfehlungen zu beachten. Tägliches
‹Braten› auf der Sonnenbank sollten Sie wegen des erhöhten Hautkrebsrisikos vermeiden. Etwa 30 Solariumbesuche im Jahr scheinen der Haut nicht zu schaden. Im
Gegenteil: Besonders in der sonnenarmen Zeit sind Sonnenbäder zu empfehlen. Als
positive Wirkungen der ‹künstlichen Sonne› sind die Bildung des Vitamins D3 in der
Haut und der Gehalt von Kalzium und Phosphor sowie der Leukozyten und des Hä-
moglobins im Blut hervorzuheben (Troer 1995). Außerdem wirkt es stimmungsauf-
hellend und bereitet Sie auf intensive Sonneneinstrahlung wie beispielsweise bei langen Wettkämpfen in sonnigen Gefilden vor. Die Gefahr eines Sonnenbrandes kann
vermindert werden, und ‹Sonnenstress› wird besser verkraftet. Sonnenanwendungen
dürfen jedoch bei Infektionskrankheiten (auch grippalen Infekten) nicht erfolgen.

Ausreichend Schlaf

Ausreichender Nachtschlaf ist besonders wichtig zur Erholung. Wachstumshormone,
die für Zellwachstum und Regeneration wichtig sind, werden vorwiegend im Schlaf
ausgeschüttet. Wieviel Stunden Schlaf der einzelne benötigt, läßt sich nicht verallge-
meinern. Für Sportler sind mindestens 7 Stunden zu empfehlen. Wenn Sie es sich lei-
sten können, ist das kurze ‹Mittagsschläfchen› (etwa 30 Minuten) regenerationsför-
dernd, insbesondere nach anstrengenden Trainingseinheiten.

Regenerations- und Kompensationstraining (REKOM)

Das REKOM-Training ist gekennzeichnet durch kurze Belastungen in niedriger Intensität, vorzugsweise in einer anderen (nicht völlig ungewohnten) Sportart. Es wirkt sich besonders günstig auf die Wiederherstellungsprozesse und die Leistungsbereitschaft aus, vor allem nach intensiven Trainings- und Wettkampfbelastungen.

Progressive Muskelrelaxation (PMR) und muskuläres Tiefentraining (mtt)

Die **progressive Muskelrelaxation** wurde in den 20er Jahren von dem Arzt Edmund Jacobson entwickelt und ist eine Methode, die über den Wechsel von Entspannung und Anspannung bestimmter Muskelgruppen einen Zustand der Entspannung herbeiführt. Das muskuläre Tiefentraining, frei von philosophischen und meditativen Ansprüchen, ist die einfachste Form der progressiven Muskelrelaxation und zielt ebenfalls auf die Entspannung einzelner Muskelgruppen ab.

Das **muskuläre Tiefentraining** kann ohne Vorerfahrung sofort wirksam angewendet werden. Sind einzelne Muskelgruppen besonders belastet, wird die Spannung der betroffenen Muskelpartien durch kontinuierliches isometrisches Anspannen so weit erhöht, bis die Muskulatur zu zittern anfängt. Danach lösen Sie schlagartig die Spannung. Darauf reagiert der Organismus mit vermehrter Durchblutung und die Muskulatur mit einer tiefen Entspannung.

Naive Entspannungstechniken

Zu den naiven Entspannungstechniken zählt alles, was Sie gerne und mit Muße tun und was Ihre Entspannung unterstützt. Für den einen ist es der Spaziergang mit dem Hund, für den anderen der Kinobesuch, Fernsehen, Musik hören, das Zusammensein mit dem Partner oder anderes. Naive Entspannungstechniken sind nicht erlernbar und werden meist nicht planmäßig eingesetzt, berücksichtigen jedoch in der Regel sehr individuell die persönlichen Bedürfnisse.

ANHANG

Tabelle: Herzfrequenzwerte für das Training

Hf$_{max}$	95 %	90 %	85 %	80 %	75 %	70 %	65 %	60 %
210	200	189	179	168	158	147	137	126
208	198	187	177	166	156	146	135	125
206	196	185	175	165	155	144	134	124
204	194	184	173	163	153	143	133	122
202	192	182	172	162	152	141	131	121
200	190	180	170	160	150	140	130	120
198	188	178	168	158	149	139	129	119
196	186	176	167	157	147	137	127	118
194	184	175	165	155	146	136	126	116
192	182	173	163	154	144	134	125	115
190	181	171	162	152	143	133	124	114
188	179	169	160	150	141	132	122	113
186	177	167	158	149	140	130	121	112
184	175	166	156	147	138	129	120	110
182	173	164	155	146	137	127	118	109
180	171	162	153	144	135	126	117	108
178	169	160	151	142	134	125	116	107
176	167	158	150	141	132	123	114	106
174	165	157	148	139	131	122	113	104
172	163	155	146	138	129	120	112	103
170	162	153	145	136	128	119	111	102
168	160	151	143	134	126	118	109	101
166	158	149	141	133	125	116	108	100
164	156	148	139	131	123	115	107	98
162	154	146	138	130	122	113	105	97
160	152	144	136	128	120	112	104	96
158	150	142	134	126	119	111	103	95
156	148	140	133	125	117	109	101	94
154	146	139	131	123	116	108	100	92
152	144	137	129	122	114	106	99	91
150	143	135	128	120	113	105	98	90

Übersicht über die Trainingsprogramme

1   REKOM-Training (Seite 60)

2   Extensives Speed-Skating (Seite 61)

3   Intensives Speed-Skating (Seite 62)
3a: Tempowechselmethode
3b: Tempodauermethode

4   High-Speed-Skating (Seite 64)
4a: Intervallmethode
4b: Wiederholungsmethode
4c: Wettkampfmethode

5   Speed-Skating nach der Fahrtspielmethode (Seite 66)

6   Sprinttraining (Seite 68)
6a: Antritte
6b: Fliegende Sprints

7   Extensives Power-Skating (KA 1) (Seite 70)
7a: Langes Gleiten auf einem Skate
7b: Skating bergauf

8   Intensives Power-Skating (Seite 71)

9   Test zur Bestimmung der maximalen Herzfrequenz (Seite 72)

10   Run & Bike (Seite 74)

11   Extensives Rad- oder Mountainbiketraining (GA 1) (Seite 76)

12   Rad- oder Mountainbike-Fahrtspiel (GA 1 bis GA 2) (Seite 77)

13   Extensiver Dauerlauf (GA 1) (Seite 78)

14   Intensiver Dauerlauf und Fahrtspiel (GA 1 bis GA 2) (Seite 79)

15   Aqua-Jogging (Seite 80)

KT_1 Kraftcircuit zur Gewöhnung an das Gerätetraining (Seite 145)

KT_2 Kraftausdauertraining an Geräten (Seite 145)

KT_3 Muskelaufbautraining an Geräten (Seite 145)

KT_4 Sprungkrafttraining und Imitationsübungen (Seite 146)

KT_5 Komplexes Motoriktraining (Seite 147)

Adressen

Inline-Skating-Verbände

Deutscher Inline Verband (DIV)
c/o Bernd Schicker
Ernst-Höfer-Straße 15e
D-64342 Seeheim-Jugendheim
Tel. 0 62 57 – 96 22 36

Deutscher Rollsport- und Inline-Verband
(DRIVe)
Speed Skating
Sebastian Baumgartner
Sterngasse 5
D-89073 Ulm
Tel. 07 31 – 6 64 14
Fax 07 31 – 612 51

Österreichischer Roll Sport Verband
(ÖRSV)
Kundmanngasse 24/ 3
A-1030 Wien
Tel. 01 – 7 14 02 03
Fax 01 – 7 14 02 04

Schweizer Rollsport Verband (SRV)
August-Müllerstr. 7
CH-8134 Adliswil
Tel. / Fax 01 – 7 10 13 42

Inline-Skating Veranstaltungen

German Inline Cup
Ernst-Höfer-Straße 15e
D-64342 Seeheim-Jugendheim
Tel. 0 62 57 – 96 22 36

Inline Games und Speed-Workshops
AMS Deutschland GmbH
Zur Ludwigshöhe 6
D-86919 Utting a.A.
Tel. 0 88 06 – 9 56 99 42
Fax 0 88 06 – 9 56 94 49

Inline-Skating-Guides

Inline-, City- und Speed-Guides
Pecher & Böckmann (Hrsg.)
Klartext Verlag
Antonienallee 25
D-45279 Essen
Tel. 02 01 – 5 44 33

Literatur

Badtke, G., et al.: *Lehrbuch der Sportmedizin.* Stuttgart 1987, 71

Baumgartner, S.: *Inline Skating – vom Modetrend zur neuen Sportart.* Vortrag: *Laufkongreß, 1. Kölner Marathon.* Köln 1997

Benek, R., Boldte, F., Meller, W., u. Behn, C.: *Das maximale Laktat-Steady-State (Maxlass) im Eisschnellauf.* In: Bernett, P., Jeschke, D.: *Sport und Medizin – Pro und Contra.* München 1991, 766–767

Brechtel, C.: *Muskuläres Tiefentraining. Neue Wege zur Entspannung.* Durbach 1988

Hottenrott, K., Urban, V.: *Handbuch für Skilanglauf.* Aachen 1996

Hottenrott, K., Urban, V.: *Adventure Sports In-Line Skating.* Aachen 1996

Hottenrott, K., Zülch, M.: *Ausdauerprogramme.* Reinbek 1995

Jacobson, E.: *Entspannung als Therapie.* München 1993

Jerosch, J., Heidjan, J., Thorwesten, L.: *Inline-Skating. Hohes Verletzungsrisiko minimieren!* TW Sport + Medizin 9 (1997) 3, 118–123.

Knoll, M.: *Die Kurventechnik der Speedfahrer.* In: Skate (1995) 6, 55–57

Marcov, L. N.: *Medizinische Aspekte der Anwendung des Schlittschuhschrittes im Skilanglauf.* In: Leistungssport, 17 (1987) 1, 33–36

McArdle, W. D., Katch, F. I., Katch, V. L.: *Exercise Physiology: Energy Nutrition and Human Performance.* Philadelphia 1985

Pekka, Oja, u. a.: *Training effects of cross-country skiing and running on maximal aerobic cycle performance and on blood lipids.* In: Eur. J. Appl. Physiol. (1991) 62, 400–404

Rundell, K. W.: *Compromised oxygen uptake in speed skaters during treadmill inline skating.* In: Medicine and Science in Sports and Exercise. 1996, 120–127

Sauter, U.: *In-Line-Skating. Lehrhilfen für den Sportunterricht.* Schorndorf 41 (1992) 9, 129–143

Schieber, R. A., Branche-Dorsey, C. M.: *Epidemiology and recommendations for prevention.* In: Sports Med. (New Zealand) 19, (1995) 427–432

Schneider, P., Beutler, B.: *Unterschiede bei der Einführung.* In: Theorie und Praxis (1994) 4, 8–10

Schulze, B.: *Vom «Erdschlittschu» zum Rollschuhsport.* In: Medizin und Sport 21 (1981) 1, 28–32

Schulz, H., Müller, F., Fromme, A., Heck, H.: *Die Belastungsintensität bei Freizeitläufern.* In: Dt. Zeitschr. Sportmed. 48 (1997) 7/8, 270–273

Schulz, H., Müller, F., Fromme, A., u. Heck, H.: *Die Belastungsintensität bei Fitneß-Skatern.* Poster beim Sportärztekongreß in Tübingen 1997

Snyder, A. C., et al.: *Exercise responses to inline skating: comparisons to running and cycling.* In: Int. J. of Sports Med. 14 (1993) 1, 38–42

Titze, A.: *Inline-Skating. Eine Befragung zur Verbreitung und Entwicklung einer neuen Sportart.* unveröff. Diplomarbeit, Frankfurt 1996

Zapf, J., Haas, A., Schmidt, W.: *Niedriger O_2-Puls begrenzt die Eignung des Inline-Skating für ein Grundlagenausdauertraining und für Herzkreislaufkranke.* Vortrag: *Internationaler Sportärztekongreß.* Tübingen 1997

Fotonachweis

Danny Strasser, Patrick Bayer (Sico, Roces): S. 4, 88, 95, 96, 100

Kuno Hottenrott: S. 6, 29, 74, 81, 84, 92, 93, 113

Polar Electro GmbH, Klein Gerau: S. 31

Hestia Accusport, Mannheim: S. 24

Die Autoren

Dr. Kuno Hottenrott,
Jahrgang 1959, ist Dozent am Institut
für Sportwissenschaft und Motologie
der Philipps-Universität Marburg.
1993 Promotion an der Universität
Kassel zum Thema «Trainingssteue-
rung im Ausdauersport». In der
Deutschen Triathlon Union war er
fünf Jahre lang erfolgreicher Bun-
destrainer der Junioren. Er ist Verfas-
ser zahlreicher Bücher und Publika-
tionen zum Thema Ausdauersport
sowie zu trainingswissenschaftlichen
und sportmedizinischen Fragen.

Martin Zülch, Jahrgang 1962, ist Diplomsportlehrer und arbeitet als Lehrer in der
Jugenddorf-Christophorus Schule in Oberurff. Er ist B-Lizenz-Trainer in den Sport-
arten Fußball, Schwimmen und Triathlon. Außerdem ist er DSV-Skilehrer und in der
Übungsleiterausbildung tätig.

Die Autoren sind selbst aktive Ausdauersportler und arbeiten seit vielen Jahren in der
professionellen Betreuung von Ausdauersportlern zusammen. Sie haben namhafte
Athleten auf Europa- und Weltmeisterschaften vorbereitet. Ihre langjährigen Erfahrungen geben sie mit der Buchserie «Ausdauertrainer» an ambitionierte Sportler weiter.

Im Rowohlt Taschenbuch Verlag sind von ihnen bisher erschienen: «Ausdauerprogramme» (Nr. 19440), «Ausdauertrainer Laufen» (Nr. 19454), «Ausdauertrainer
Mountainbiking» (Nr. 19455), «Ausdauertrainer Triathlon» (Nr. 19466) und «Ausdauertrainer Radsport» (Nr. 19473 / Juli 1998).

Die Serie «Ausdauertrainer» wird auch im Internet vorgestellt:
http://home.t-online.de / home / k.hottenrott

Danksagung

Allen am Gelingen des Buches Beteiligten möchten wir an dieser Stelle herzlich danken: Raquel Goldmann, Anne Titze, Annette Zülch, Sebastian Baumgartner, Andreas Titze, Normann Stadler, Michael Stahl, Dr. Jürgen Zapf, Benjamin und Christoph Zschätzsch sowie den Kindern von Blau Gelb Groß Gerau e.V.

rororo sport wird herausge-
geben von Bernd Gottwald.
Ein Gesamtverzeichnis der
Reihe finden Sie in der
Rowohlt Revue. Vierteljähr-
lich neu. Kostenlos in Ihrer
Buchhandlung.
Rowohlt im Internet:
http:/ / www.rowohlt.de

rororo sport